U0594446

本书的主要内容是江西省高校人文社会科学研究项目青年项目"食品价格波动对城乡家庭消费的影响研究"（JJ162021）的研究成果。

本书的选题方向来自华侨大学赵昕东教授主持的国家自然科学基金面上项目"食品价格上涨对城镇居民消费行为的影响与政策选择研究"（71273096）。

江西财经大学统计学院的出版资助项目。

| 光明社科文库 |

食品价格波动对家庭消费的异质性影响研究

王　勇◎著

光明日报出版社

图书在版编目（CIP）数据

食品价格波动对家庭消费的异质性影响研究 / 王勇
著 . -- 北京：光明日报出版社，2019.12
（光明社科文库）
ISBN 978 - 7 - 5194 - 4990 - 2

Ⅰ . ①食… Ⅱ . ①王… Ⅲ . ①物价波动—影响—家庭
消费—研究—中国 Ⅳ . ①F726②F126.1

中国版本图书馆 CIP 数据核字（2019）第 114072 号

食品价格波动对家庭消费的异质性影响研究
SHIPIN JIAGE BODONG DUI JIATING XIAOFEI DE YIZHIXING YINGXIANG YANJIU

著　者：王　勇

责任编辑：曹美娜　黄　莺　　　　　责任校对：张晓庆
封面设计：中联学林　　　　　　　　责任印制：曹　净

出版发行：光明日报出版社
地　　址：北京市西城区永安路 106 号，100050
电　　话：010-63139890（咨询），010-63131930（邮购）
传　　真：010 - 63131930
网　　址：http://book.gmw.cn
E - mail：caomeina@gmw.cn
法律顾问：北京德恒律师事务所龚柳方律师

印　　刷：三河市华东印刷有限公司
装　　订：三河市华东印刷有限公司
本书如有破损、缺页、装订错误，请与本社联系调换，电话：010-63131930

开　　本：170mm×240mm
字　　数：168 千字　　　　　　　　印　　张：12
版　　次：2020 年 1 月第 1 版　　　印　　次：2020 年 1 月第 1 次印刷
书　　号：ISBN 978 - 7 - 5194 - 4990 - 2
定　　价：78.00 元

版权所有　　翻印必究

序

王勇作为我的师弟，年轻、有朝气，对学术研究充满激情。博士期间及毕业后一直潜心钻研于"食品价格波动对家庭消费异质性影响"的研究，研究成果整理为此专著。由于我本人博士毕业论文的研究方向与王勇师弟现有研究方向一致，故了解王勇此专著与同类研究相比具有较大的创新性。

近年来，政府部门和高等教育机构增加了对家庭、个体和社区三个层次的微观调查。家庭微观调查数据的采用不仅可以解决宏观数据样本量较少、代理指标选取较为任意以及缺乏严格的论证和理论支持等问题，而且可以观察到所处收入等级、人口规模、受教育水平和所在地区等能反映人口统计特征的变量，这些变量有助于分析食品价格波动对家庭消费的异质性影响，从而得到更具说服力的研究结论。目前我国还没有像英国家庭支出调查 FES（Family Expenditure Survey）数据和美国家庭金融调查 SCF（Survey of Consumer Finance）数据那样能够全面深入反映家庭人口统计特征的、长期的、较为系统和权威的家庭微观调查项目。国内外研究学者所采用的微观数据在分类和统计口径等方面的差异都很可能会导致研究结果出现很大差异。但 CFPS 数据具有独特性，是国内首个具有全国代表性家庭追踪调查数据，对研究家庭消费的异质性问题有无可比拟的优势。因此，王勇这本专著采用 CFPS2014 数据研究食品价格波动对家庭消费的异质性影响，数据选取较为合理可信。

当研究食品价格波动对家庭消费的异质性影响问题时，ELES 模型和 AIDS 模型等 2 秩需求系统模型通常假设异质性家庭增加相等消费支出时，异质性家庭增加的消费支出份额也相等。而实际上我国异质性家庭消费支出份额对异质性家庭消费支出变动的反应是不一致的，忽视异质性家庭之间的差异会导致对相关弹性值的错误估计。由此 QUAIDS 模型等 3 秩需求系统模型更加符合经济规律，从而更好地拟合真实数据，这是其他线性需求系统模型很难实现的。王勇这本专著构建 QUAIDS 模型研究食品价格波动对家庭消费结构的异质性影响，需求系统模型选取上更科学先进。构建 QUAIDS 模型进行实证研究时，通过估计的弹性值还可以研究食品价格波动对家庭福利的异质性影响问题。补偿变动符合潜在帕累托改进规则，而等价变动不符合。王勇这本专著运用补偿变动方法研究食品价格波动对家庭福利的异质性影响，具体研究方法符合基础理论。

在充分吸纳和借鉴国内外已有研究成果的基础上，王勇这本专著就食品价格波动对家庭消费的异质性影响进行了全面的实证分析。在研究过程中，王勇这本专著的创新之处除了体现在论文选题和研究视角方面以外，还体现在研究方法方面。在研究方法方面，由于投入产出价格模型可以用来深入研究某个部门价格变动通过传递效应对其他部门价格的完全影响，王勇这本专著以食品部门与八种类型和三种层次消费品部门之间的客观内在联系为切入点，利用25个省（自治区和直辖市）地区投入产出表，分别构建投入产出价格模型得到25个省（自治区和直辖市）食品价格同时变动不同幅度对八种类型和三种层次消费品价格的影响。25个省（自治区和直辖市）八种类型消费品价格变动幅度结果即为 QUAIDS 模型中的消费品价格变量，从而解决了 QUAIDS 模型中八种类型消费品价格数据不能得到的难题。

王勇在学术研究的道路上一步一个脚印，已经在学术界中崭露头角。这部专著凝聚了他多年的研究心得，也是这一领域最为出色的研究成果。希望他以此为起点，戒骄戒躁，继续奋进。

是为序。

王小叶
2019 年 3 月 30 日

前　言

在充分吸纳和借鉴国内外已有研究成果的基础上，本书就食品价格波动对家庭消费的异质性影响进行了全面的实证分析。在研究过程中，本书的创新之处除了体现在论文选题和研究视角方面以外，还体现在研究方法方面。在研究方法方面，由于投入产出价格模型可以用来深入研究某个部门价格变动通过传递效应对其他部门价格的完全影响，本书第四至七章以食品部门与八种类型和三种层次消费品部门之间的客观内在联系为切入点，利用25个省（自治区和直辖市）地区投入产出表，分别构建投入产出价格模型得到25个省（自治区和直辖市）食品价格同时变动不同幅度对八种类型和三种层次消费品价格的影响。25个省（自治区和直辖市）八种类型消费品价格变动幅度结果即为 QUAIDS 模型中的消费品价格变量，从而解决了 QUAIDS 模型中八种类型消费品价格数据不能得到的难题。

为了解决25个省（自治区和直辖市）八种类型消费品价格数据不能得到的难题，本书第四至七章利用25个省（自治区和直辖市）的地区投入产出表，构建投入产出价格模型分别经验研究25个省（自治区和直辖市）食品价格变动不同幅度对八种类型和三种层次消费品价格的影响。投入产出价格模型研究结果表明食品价格与八种类型和三种层次消费品价格之间存在着较为稳定的正向关系。其中，与发展型消费品相比，享受型消费品价格变动幅度更大，而生存型消费品价格变动幅度更小。

按照国家统计局城乡分类，本书第四章将家庭所在地区划分为城市和乡村。本书第四章在QUAIDS模型中加入反映家庭所在地区的人口特征变量，并运用INSUR方法用于参数的估计。参数估计结果表明本书第四章更适合构建消费支出二次项系数不全为0的QUAIDS模型研究食品价格波动对城乡家庭消费的影响。QUAIDS模型研究结果表明：（1）食品价格上涨有利于城乡家庭的希克斯消费结构升级，且对乡村家庭的马歇尔消费结构升级更有利。（2）食品价格上涨不利于城乡家庭的马歇尔消费结构升级，且对乡村家庭的马歇尔消费结构升级更不利。

本书第四章在投入产出价格模型和QUAIDS模型结果基础上，进一步运用补偿变动方法研究食品价格波动对城乡家庭福利的影响。福利分析结果表明：（1）随着食品价格变动幅度的增加，城乡家庭直接福利损失、间接福利损失和补偿变动的变化幅度均会增加，从而使得城乡家庭福利的恶化（或改善）程度越来越大。

（2）随着食品价格变动幅度的增加，与城市家庭相比，乡村家庭间接福利损失绝对值多增加的幅度越来越大，直接福利损失和补偿变动多变化的幅度也越来越大，城乡家庭之间直接福利损失、间接福利损失和补偿变动的变化存在显著的地区异质性。

参照《国民经济行业分类》中对行业的分类方法，本书第五章将家庭户主所从事的行业分为三大类，分别为第一产业、第二产业和第三产业。本书第五章在 QUAIDS 模型中加入反映家庭户主所从事行业的人口特征变量，并运用 INSUR 方法用于参数的估计。参数估计结果表明本书第五章更适合构建消费支出二次项系数不全为 0 的 QUAIDS 模型研究食品价格波动对家庭消费的行业异质性影响。QUAIDS 模型研究结果表明：（1）食品价格上涨有利于户主从事不同行业家庭的希克斯消费结构升级，且对户主从事第一产业家庭的希克斯消费结构升级最有利。（2）食品价格上涨不利于户主从事不同行业家庭的马歇尔消费结构升级，且对户主从事第三产业家庭的马歇尔消费结构升级最不利。

本书第五章在投入产出价格模型和 QUAIDS 模型结果基础上，进一步运用补偿变动方法研究食品价格波动对家庭福利的行业异质性影响。福利分析结果表明食品价格与户主从事不同行业家庭间接福利损失成反比，而与户主从事不同行业家庭直接福利损失和补偿变动成正比。食品价格变动不同幅度会使户主所从事行业为第二产业家庭间接福利损失和补偿变动的变化幅度最大。为了提高家庭的生活质量和促进和谐社会发展，政府应该首先稳定户主所从事行业为第二产业家庭食品价格。并且，当面对优化家庭消费结构的问题时，政府应该根据户主从事不同行业家庭之间的差异划分市场。

本书第六章将家庭户主学历划分为三大类：初等教育，中等教育，高等教育。本书第六章在 QUAIDS 模型中加入反映家庭户主学历的人口特征变量，并运用 INSUR 方法用于参数的估计。参数估计结果表明本书第六章更适合构建消费支出二次项系数不全为 0 的 QUAIDS 模型研究食品价格波动对家庭消费的学历异质性影响。QUAIDS 模型研究结果表明：（1）食品价格上涨有利于户主接受不同层次教育家庭的希克斯消费结构升级，且对户主接受中等教育家庭的希克斯消费结构升级最有利。（2）食品价格上涨不利于户主接受不同层次教育家庭的马歇尔消费结构升级，且对户主接受高等教育家庭的马歇尔消费结构升级最不利。

本书第六章在投入产出价格模型和 QUAIDS 模型结果基础上，进一步运用补偿变动方法研究食品价格波动对家庭福利的学历异质性影响。福利分析结果表明食品价格上涨不同幅度会提高户主接受不同层次教育家庭的补偿变动。且食品价格上涨幅度越大，户主接受不同层次教育家庭的补偿变动上涨的幅度也会越大，不利于家庭福利的改善。反之，食品价格下降幅度越大，户主接受不同层次教育家庭的补偿变动下降的幅度也会越大，有利于家庭福利的改善。户主接受不同层次教育家庭补偿变动与食品价格变动的方向相同，且变动幅度最大的是户主接受中等教育的家庭；

户主接受高等教育的家庭次之；最小的则是户主接受初等教育的家庭。为了提高家庭的生活质量和促进和谐社会发展，政府应该首先稳定户主接受中等教育的家庭食品价格。

本书第七章将家庭户主年龄划分为三大类，分别为 0～49 岁、50～64 岁、超过 65 岁。参考国家统计局对东中西部地区的划分方法，本书第七章将 25 个省（自治区和直辖市）划分为东中西部地区。本书第七章在 QUAIDS 模型中加入反映家庭所在地区和户主年龄的人口特征变量，并运用 INSUR 方法用于参数的估计。参数估计结果表明本书第七章更适合构建消费支出二次项系数不全为 0 的 QUAIDS 模型研究食品价格波动对户主不同年龄与地区家庭消费的影响。QUAIDS 模型研究结果表明：（1）食品价格上涨有利于户主不同年龄与地区家庭的希克斯消费结构升级，且对东部地区户主年龄超过 65 岁家庭的希克斯消费结构升级最有利。（2）食品价格上涨不利于户主不同年龄与地区家庭的马歇尔消费结构升级，且对东部地区户主年龄在 0～49 岁区间家庭的马歇尔消费结构升级最不利。

本书第七章在投入产出价格模型和 QUAIDS 模型结果基础上，进一步运用补偿变动方法研究食品价格波动对户主不同年龄与地区家庭福利的影响。福利分析结果表明食品价格不同变动幅度的增加会使家庭补偿变动、直接福利损失和间接福利损失的绝对值上涨幅度也同比例增加，福利进一步恶化（或改善）。为了提高家庭的生活质量和促进和谐社会发展，政府应该根据家庭所在不同地区以及户主不同年龄差异划分市场，且首先稳定户主年龄超过 65 岁且东部地区家庭食品价格。

　　最后，本书第八章基于实证研究结果提出调控食品市场，以扩大内需的政策建议。

目　录
CONTENTS

第一章

绪 论

本章首先提出本书亟待研究的问题，并阐述研究的意义；其次，本章整理本书的研究思路，并对研究内容和技术路线进行简要的说明；然后，本章阐述本书采用的研究方法；最后，本章指出本书的创新之处。

一、问题提出与研究意义

（一）问题提出

我国已经进入经济增长新常态阶段，在新常态的九个趋势性变化中，消费处在第一位。消费增长拉动了我国经济增长，渗透在国民经济生活的方方面面，是市场经济发展的最终目的。进入21世纪以来，随着全球经济的持续增长以及人口的不断膨胀，消费者行为更多以家庭为单位体现其消费决策，家庭消费越发成为制约经济可持续发展的重要因素之一。我国家庭消费结构升级步伐在加快，服务消费占整体消费的比重在提高，服务消费增速在加快，实物消费中的品质型消费增速也在加快。李克强总理在公开场合发出"大众创业、万众创新"的口号，号召大家积极投入创业创新。大众创业的蓬勃发展催生了很多新的消费业态和模式，也带动了新兴消费的发展。这些因素结合在一起使得作为"三驾马车"之一的消费对 GDP 的拉动作用越来越强。据统计局发布新闻得知，2017 年一季度消费对经济增长的贡献高达77.2%，毋庸置疑最终消费已经成为经济增长的第一驱动力。

2017 年我国粮食进口量13062 万吨，同比增长 13.9%，而国际经济和政治局势的复杂性使国外粮食供给变动显著；再者，由我国城镇化速度加快和气候变化而间接导致的自然灾害也会使国内粮食供给存在很大的不确定性。在需求方面，随着我国经济发展的不断提速，以粮食等食品为原料的新型能源不断问世，对食品的需求量不断增加。粮食生产成本的变动、国家汇率的浮动、自然灾害的发生和食品需求的改变等均会影响食品价格。食品价格走势是我国国内物价水平态势的"晴雨表"，在一定程度上也反映了宏观经济运行的整体效果和效率，对长期宏观经济趋势起到参照物的作用。从另一个角度看，食品价格的波动直接反映在居民生活消费成本方面，是与居民切身利益息息相关的重要环节。具体来看，伴随着食品价格的波动变化，居民对不同食品的消费数量、结构乃至消费方式均将相应的发生变化，进而对国内产业和经济结构产生一定影响。随着我国经济的快速发展，家庭收入水平逐年提高，生活质量逐年改善，食品价格指数和相应的居民消费价格指数（CPI）不断走向新高度。在过去 10 年间，我国食品价格有三次比较大的涨幅，分别是 2004 年上涨 14%，2007 年上涨 12.3%，2008 年上涨 21.1%。由于投入产出价格模型可以用来深入研究食品部门价格变动不同幅度通过传递效应对其他部门价格的直接和间接影响，本书第四至七章构建投入产出价格模型研究食品部门价格变动不同幅度对八种类型消费品部门价格的影响。食品价格变动必然会影响家庭消费结构，从而影响家庭效用水平。而效用水平是描述偏好的一种方式，效用水平变动可以反映福利变动。随着大学和政府机构调查并公布家庭微观调查数据，我们可以标定一个包含较多参数的需求系统模型。其中，中国家庭追踪调查 CFPS（China Family Panel Studies）2014 数据具有独特性，是国内首个具有全国代表性的家庭追踪调查数据，在研究家庭消费问题方面有无可比拟的优势。因此，本书第四至七章采用 CFPS2014 数据研究食品价格波动对家庭消费的影响。

（二）研究意义

本书的理论意义在于：本书深入研究食品价格波动对家庭消费的影响，不仅可以丰富家庭消费的研究内容，还可以实证检验消费函数理论在我国食品市场的适用性，有助于全面认识食品价格波动对家庭消费的影响，为未来的家庭消费研究奠定了扎实的研究基础。

本书的现实意义在于：加强食品价格波动对家庭消费影响的研究有助于指导现实或者上升到政策意义层面，不仅为政府做出调控食品市场，以扩大内需的政策提供参考价值和现实指导，而且对提高我国人民生活水平和生活质量、产业结构调整升级和经济平稳快速增长有重大的现实意义。

二、研究思路与研究内容

（一）研究思路

食品价格的不断上涨关系到每个家庭的切身利益，已慢慢成为每个家庭在日常生活消费中关注的重点。张丹（2015）[1]基于中国2012年社会核算矩阵的结构路径分析原理，研究食品价格波动对城乡家庭消费影响的传导路径发现食品价格波动通过多条路径影响城乡家庭的CPI，最终导致城乡家庭生活成本的变化，从而影响城乡家庭消费结构。食品作为消费品之一，食品价格波动会影响家庭设备及日用品等其他消费品价格，消费品价格变动必然也会影响家庭消费结构。

首先，由于我国城乡家庭消费支出份额对家庭消费支出变动的反应是不一致的，忽视城市和乡村地区之间的差异会导致对相关弹性的错误估计。本书第四章研究食品价格波动对城乡家庭消费结构和福利的影响。

其次，食品行业在国民经济处于基层的地位，与国民经济中各个行业均联系紧密。食品价格波动将会影响社会经济生活的方方面面，从而对家庭消费产生影响。本书第五章研究食品价格波动对家庭消费的行业异质性影响。

然后，家庭通过提高自身的学历来提高收入水平，收入水平的提高又有利于消费支出的提高和消费结构的优化。人力资本论认为对人力资本的投资有四种最主要的表现形式，即：教育、培训、劳动力流动和医疗保健，而教育被广泛认为是人力资本投资的最基础和最主要的投资方式。本书第六章研究食品价格波动对家庭消费的学历异质性影响。

最后，我国人口老龄化程度进一步加剧，且人口老龄化程度存在地区差异。在人口老龄化程度加剧和地区差异的背景下，政府在制定食品市场相关调控政策时，不仅要考虑食品价格波动对不同地区家庭消费的影响，还要考虑食品价格波动对家庭消费的年龄异质性影响。本书第七章研究食品价格波动对户主不同年龄与地区家庭消费的影响。

（二）研究内容

第一章为绪论。本章首先提出研究的问题，并阐述研究的意义；其次，本章整理本书的研究思路，并对研究内容和技术路线进行简要的说明；然后，本章阐述本书采用的研究方法；最后，本章指出本书的创新之处。

第二章为文献综述。本章论述食品价格波动对家庭消费影响的国外文献综述；然后，本章论述食品价格波动对家庭消费影响的国内文献综述；最后，本章进行文献述评。

第三章为食品价格波动对家庭消费影响的现状分析。首先，本章对食品价格的现状进行分析，直观反映食品价格波动过程中存在的问题；其次，本章对全国及城乡家庭消费结构现状进行分析，直观反映全国及城乡家庭在消费过程中存在的问题；然后，本章分析食品价格与城乡家庭消费结构的关系；最后，本章对所做研究工作进行了小结。

第四章为食品价格波动对城乡家庭消费的影响研究。首先，本章采用 CFPS2014 数据，通过选择有效样本家庭得到全国及城乡家庭的消费特征；其次，为了解决 25 个省（自治区和直辖市）消费品价格数据不易得到的难题，本章构建投入产出价格模型，分别经验研究 25 个省（自治区和直辖市）食品价格同时变动不同幅度对八种类型和三种层次消费品价格的影响，通过平均得到对消费品价格的地区异质性影响；然后，本章详细描述二次几乎理想需求系统 QUAIDS（Quadratic Almost Ideal Demand System）模型，并加入地区虚拟变量到 QUAIDS 模型中，以研究食品价格波动对城乡家庭消费结构的影响；再次，本章利用补偿变动方法研究食品价格波动对城乡家庭福利的影响；最后，本章对主要研究工作和研究结果进行了小结。

第五章为食品价格波动对家庭消费的行业异质性影响研究。首先，本章采用 CFPS2014 数据，通过选择有效样本家庭得到户主从事不同行业家庭消费特征；其次，为了解决 25 个省（自治区和直辖市）消费品价格数据不易得到的难题，本章构建投入产出价格模型，分别经验研究 25 个省（自治区和直辖市）食品价格同时变动不同幅度对八种类型和三种层次消费品价格的影响，通过算术平均得到对消费品价格的行业异质性影响；然后，本章加入反映家庭户主所从事的行业虚拟变量到 QUAIDS 模型中，以研究食品价格波动对家庭消费结构的行业异质性影响；再次，本章利用补偿变动方法研究食品价格波动对家庭福利的行业异质性影响；最后，本章对主要研究工作和研究结果进行了小结。

第六章为食品价格波动对家庭消费的学历异质性影响研究。首先，本章采用 CFPS2014 数据，通过筛选有效样本家庭得到家庭消费的学历异质性特征；其次，本章估计投入产出价格模型得到 QUAIDS 模型中的消费品价格数据；再次，本章加入反映户主学历的家庭人口特征变量到 QUAIDS 模型中，以研究食品价格波动对家庭消费结构的学历异质性影响；然后，本章利用补偿变动方法研究食品价格波动对家庭福利的学历异质性影响；最后，本章整理主要研究结论，并根据结论提出可行性的意见或建议。

第七章为食品价格波动对户主不同年龄与地区家庭消费的影响研究。首先，本章采用 CFPS2014 数据，通过选择有效样本家庭得到不同地区家庭消费的年龄异质性特征；其次，为了解决 25 个省（自治区和直辖市）消费品价格数据不易得到的难题，本章构建投入产出价格模型，分别经验研究 25 个省（自治区和直辖市）食品价格同时变动不同幅度对八种类型和三种层次消费品价格的影响，通过算术平均得到对户主不同年龄与地区家庭购买八种类型和三种层次消费品价格的影响；然后，本章加入区域和年龄虚拟变量到 QUAIDS 模型中，以研究食品价格波动对户主不同年龄与地区家庭消费结构的影响；再次，本章利用补偿变动方法研究食品价格波动对户主不同年龄与地区家庭福利的影响；最后，本章对主要研究工作和研究结果进行了小结。

第八章为结论、政策建议及研究展望。首先，本章基于实证研究整理本文的主要研究结论；然后，本章基于实证研究结果提出调控食品市场，以扩大内需的政策建议；最后，本章进一步指出研究不足与展望。

（三）技术路线

本文按照文献回顾、现状分析、实证分析和政策建议的技术路线，具体分为 7 章，如图 1.1 所示。

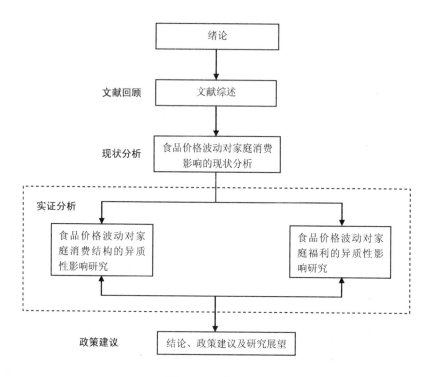

图 1.1　研究流程图

首先，本书提出亟待研究的问题，并阐述研究的意义；本书整理研究思路，并对研究内容和技术路线进行简要的说明；本书阐述采用的研究方法；本书指出创新之处；

其次，本书论述食品价格波动对家庭消费影响的文献综述，并进行文献述评；

然后，我们就食品价格波动对家庭消费的影响进行现状分析。本书第三章对食品价格的现状进行分析，直观反映食品价格波动过程中存在的问题；本书第三章对全国及城乡家庭消费结构现状进行分析，直观反映全国及城乡家庭在消费过程中存在的问题；本书第三章分析食品价格与城乡家庭消费结构的关系；本书第三章对所做研究工作进行了小结；

进而，我们就食品价格波动对家庭消费的异质性影响进行全面的实证分析。本书第四至七章采用 CFPS2014 数据，构建QUAIDS 模型研究食品价格波动对家庭消费结构的异质性影响。其中，本书第四章加入反映家庭所在地区的人口特征变量到QUAIDS 模型中，研究食品价格波动对城乡家庭消费的影响研究。本书第五章加入反映户主所从事行业的人口特征变量到QUAIDS 模型中，研究食品价格波动对家庭消费结构的行业异质性影响。本书第六章加入反映家庭户主学历的人口特征变量到QUAIDS 模型中，研究食品价格波动对家庭消费结构的学历异质性影响。本书第七章加入反映家庭所在地区和户主年龄的人口特征变量到 QUAIDS 模型中，研究食品价格波动对户主不同年龄与地区家庭消费结构的影响。在此基础上，本书第四至七章进一步运用补偿变动方法研究食品价格波动对家庭福利的异质性影响；

最后，本书总结实证分析的主要研究结论。在此基础上，本书提出可能比较合理的政策建议，并指出研究不足与展望。

三、研究方法

（一）基于投入产出价格模型的消费品价格计算

由于地区投入产出表中42个部门产品与八种类型和三种层次消费品不是一一对应的，有可能多类消费品均由同一个部门生产，也有可能某一类消费品由多个部门生产。本书第四至七章分别重新编制25个省（自治区和直辖市）地区投入产出表，把八种类型和三种层次消费品对应为对地区投入产出表中42个部门产品，如表3.3所示；最后，对42个部门地区投入产出表进行分解与合并，得到25个省（自治区和直辖市）8个部门地区投入产出表。本书第四至七章构建投入产出价格模型经验研究25个省（自治区和直辖市）食品价格同时变动不同幅度对八种类型和三种层次消费品价格的影响，还需要假设消费品价格变动均由成本中物质或者服务消耗费用变动引起；食品部门价格变动不影响八种类型和三种层次消费品部门的实物量，只会影响八种类型和三种层次消费品部门的价值量，即食品部门价格变动不会对当期家庭消费结构产生影响；不考虑折旧、工资、生产税净额以及营业盈余变动；不考虑企业降低成本措施和供求因素的影响。

我们可以根据直接消耗系数思想、成本结构或者再分配等多种方法推导出投入产出价格模型。但是当研究25个省（自治区和直辖市）食品价格同时变动不同幅度对八种类型和三种层次消费品价格的影响时，根据不同方法推导出的投入产出价格模型得出的实证结果相同。因此，本书第四至七章仅根据梁亚民和韩君（2014）[2]中的成本结构方法推导出投入产出价格模型。食品部门价格变动会完全影响八种类型和三种层次消费品部门的物质或者服务消耗费用等成本，从而会直接和间接影响八种类型和三种层次消费品部门价格。由于投入产出价格模型不需要食品部门价格变动的实际数据，本书第四至七章假设25个省（自治区和直辖市）食品部门价格最终同时变动10%、20%、30%、40%、50%以及100%。由于投入产出价格模型中的完全需要系数 B 是关于直接消耗系数 A 的逆矩阵，本书第四至七章通过构建投入产出价格模型得到的25个省（自治区和直辖市）食品价格同时变动不同幅度对八种类型和三种层次消费品价格的影响结果为食品价格变动对八种类型和三种层次消费品价格的完全影响。

（二）基于QUAIDS模型的食品价格波动对家庭消费结构和福利的异质性影响研究

本书第四至七章采用的CFPS家庭问卷调查数据由北京大学

中国社会科学调查中心组织，是国内首个全局性、大规模、设计科学的家庭追踪调查项目。2008-2010 年中国家庭追踪调查分别进行了初访、追访和正式访问的测试调查。因为 2014 年的 CFPS 第三轮全国调查数据更具有代表性。因此，本书第四至七章采用 CFPS2014 数据进行分析。

CFPS2014 数据中的样本家庭所在地区覆盖除西藏自治区和青海省外的 29 个省（直辖市和自治区）。由于海南省只有 3 个样本家庭、内蒙古自治区只有 6 个样本家庭、宁夏回族自治区只有 2 个以及新疆维吾尔自治区只有 5 个样本家庭，本书第四至七章删除海南省、内蒙古自治区、宁夏回族自治区以及新疆维吾尔自治区 4 个省（直辖市和自治区）的样本家庭。CFPS2014 数据中的家庭问卷数据库共有 13946 户家庭户主样本。一个家庭户主样本至少包括一个家庭成员，但本文的研究对象为家庭户主。为了得到家庭户主的年龄信息，本书定义 CFPS2014 数据中家庭问卷数据库的财务回答人（fresp1pid）为家庭户主，并根据家庭成员编码（pid）得到家庭关系数据库中关于家庭户主个人出生年份（tb1y_ a_ p）、行业编码（qg302code）、个人最高学历（tb4_ a14_ p）等人口特征信息。本书第四至七章所研究的八种类型和三种层次消费品分别对应为家庭问卷调查数据中的食品支出 - 调整，衣着鞋帽支出，家庭设备及日用品支出 - 调整，医疗保健支出，居住支出 - 调整，文教娱乐支出，交通通信支出 - 调整与其他消费性支出。

首先，基于投入产出价格模型中全国及城乡家庭购买的八种类型和三种层次消费品价格变动幅度的结果，本书第四章构建QUAIDS 模型研究食品价格波动对城乡家庭消费结构的影响。本书第四章加入地区虚拟变量 Z_i（$i=2$）到 QUAIDS 模型中。当家庭在乡村地区时，$Z_2=1$，否则 $Z_2=0$。

其次，基于投入产出价格模型中户主从事不同行业家庭购买的八种类型和三种层次消费品价格变动幅度的结果，本书第五章构建 QUAIDS 模型研究食品价格波动对家庭消费结构的行业异质性影响。本书第四章加入反映家庭户主所从事的行业虚拟变量 Z_k（$k=1$，2，3）到 QUAIDS 模型中。当家庭户主所从事的行业为第一产业时，$Z_1=1$，否则 $Z_1=0$。当家庭户主所从事的行业为第二产业时，$Z_2=1$，否则 $Z_2=0$。当家庭户主所从事的行业为第三产业时，$Z_3=1$，否则 $Z_3=0$。

再次，基于投入产出价格模型中户主接受不同层次教育家庭购买的八种类型和三种层次消费品价格变动幅度的结果，本书第六章构建 QUAIDS 模型研究食品价格波动对家庭消费结构的学历异质性影响。本书第五章加入家庭户主学历的人口特征变量 Z_k（$k=1,2,3$）到 QUAIDS 模型中。当家庭户主接受初等教育时，$Z_1=1$，$Z_2=0$，$Z_3=0$；当家庭户主接受中等教育时，$Z_1=0$，$Z_2=1$，$Z_3=0$；当家庭户主接受高等教育时，$Z_1=0$，$Z_2=0$，$Z_3=1$。

最后，基于投入产出价格模型中户主不同年龄与地区家庭购买的八种类型和三种层次消费品价格变动幅度的结果，本书第七章构建 QUAIDS 模型研究食品价格波动对户主不同年龄与地区家庭消费结构的影响。本书第六章加入反映家庭所在地区和户主年龄的人口特征变量 Z_k（$k = 1,2,3,4,5,6$）到 QUAIDS 模型中。当家庭在东部地区时，$Z_1 = 1$，否则 $Z_1 = 0$；当家庭在中部地区时，$Z_2 = 1$，否则 $Z_2 = 0$。当家庭在西部地区时，$Z_3 = 1$，否则 $Z_3 = 0$；当家庭户主年龄在 0～49 岁区间时，$Z_4 = 1$，否则 $Z_4 = 0$。当家庭户主年龄在 50～64 岁区间时，$Z_5 = 1$，否则 $Z_5 = 0$；当家庭户主年龄超过 65 岁时，$Z_6 = 1$，否则 $Z_6 = 0$。

本书运用 Poi（2012）[3] 建议的 INSUR（Iterated Non – linear Seemingly Unrelated Regression）方法用于参数的估计。数据处理和分析软件为 Stata 15。本书分别加总消费品 i 价格变动幅度和希克斯自价格弹性 e_{ij}^c（i＝j）乘积与消费品 j（$i \neq j$）价格变动幅度和希克斯交叉价格弹性 e_{ij}^c（$i \neq j$）乘积，得到当食品价格变动不同幅度时，家庭对八种类型和三种层次消费品的希克斯需求的变动幅度。另一方面，本书分别加总消费品 i 价格变动幅度和马歇尔自价格弹性 e_{ij}^u（i＝j）乘积与消费品 j（$i \neq j$）价格变动幅度和马歇尔交叉价格弹性 e_{ij}^u（$i \neq j$）乘积，得到当食品价格变动不同幅度时，家庭对八种类型和三种层次消费品的马歇尔需求的变动幅度。

为了研究食品价格波动对家庭福利的异质性影响，本书在

QUAIDS 模型结果基础上，进一步运用补偿变动方法研究食品价格波动对家庭福利的异质性影响。补偿变动为当食品价格上涨后，为了使家庭效用回到食品价格提高前的初始效用水平，政府对家庭补偿的货币收入。当食品价格上涨时，补偿变动大于 0，福利得到恶化。反之，当食品价格下降时，补偿变动小于 0，福利得到改善。补偿变动分为两个部分。第一个部分为食品价格变动不同幅度引起八种类型和三种层次消费品价格同时变动发生的直接福利损失，由消费品支出份额和消费品价格计算得到。第二个部分为食品价格变动不同幅度引起八种类型和三种层次消费品价格同时变动发生的间接福利损失。由于希克斯自价格弹性 e_{ij}^c（i =j）小于 0，当食品价格上涨时，间接福利损失小于 0；当食品价格下降时，间接福利损失大于 0。

四、创新之处

在充分吸纳和借鉴国内外已有研究成果的基础上，本书就食品价格波动对家庭消费的异质性影响进行了全面的实证分析。在研究过程中，本书的创新之处除了体现在论文选题和研究视角方面以外，还体现在研究方法方面。在研究方法方面，由于投入产出价格模型可以用来深入研究某个部门价格变动通过传递效应对其他部门价格的完全影响，本书第四至七章以食品部门与八种类型和三种层次消费品部门之间的客观内在联系为切入点，利用25个省（自治区和直辖市）地区投入产出表，分别构建投入产出价格模型得到 25 个省（自治区和直辖市）食品价格同时变动不同幅度对八种类型和三种层次消费品价格的影响。25 个省（自治区和直辖市）八种类型消费品价格变动幅度结果即为 QUAIDS 模型中的消费品价格变量，从而解决了 QUAIDS 模型中八种类型消费品价格数据不能得到的难题。

第二章

文献综述

本章论述食品价格波动对家庭消费影响的国外文献综述；然后，本章论述食品价格波动对家庭消费影响的国内文献综述；最后，本章进行文献述评。

一、食品价格波动对家庭消费影响的国外文献综述

对于发达国家，由于食品价格是影响家庭消费的一个比较小的因素，所以国外学者关于食品价格波动对家庭消费的影响研究主要集中在发展中国家。Ackah 和 Appleton（2007）[4]采用 1991 – 1998 年加纳生活标准调查 GLSS（Ghana Living Standards Survey）数据，采用线性化处理的 AIDS 模型，研究 20 世纪 90 年代加纳人的食品消费行为，得出结论表明食品价格上涨导致福利损失，且低收入者的损失更大。Kodithuwakku 和 Weerahewa（2011）[5]采用随机抽取的甘纳瓦塔省贫困家庭样本数据，利用描述性统计和多指标 logit 分析方法，研究斯里兰卡康提地区食品价格波动对贫困

家庭消费的影响，发现食品价格上涨使得大多数家庭从非正规市场借钱，增加对朋友的依赖和削减非食品消费支出，较少家庭会选择出售资产和开展新的经济活动。Alem 和 Soderbom（2012）[6]采用埃塞俄比亚城市家庭数据，研究发现资产水平低的家庭以及小孩较多的家庭受到食品价格冲击的不利影响较大。Demeke 和 Rashid（2012）[7]采用 1994 - 2009 年埃塞俄比亚农村家庭的面板数据，构建 QUAIDS 模型研究食品价格上涨对埃塞俄比亚农村家庭福利的影响，发现自给自足家庭会从农产品价格上涨中获得收益，贫困家庭则遭受损失，需要政府的救助。Magana - Lemus 等（2013）[8]构建线性化的 EASI 需求系统，研究食品价格上涨对墨西哥家庭福利的影响，发现食品价格上涨时，低收入农村家庭的福利损失大于高收入农村家庭福利损失。采用了 1991、2000 和 2007 年坦桑尼亚家庭预算调查数据，分析了食品价格变化对坦桑尼亚家庭消费（福利）的影响，发现贫困人口的福利损失要大得多。Yousif 和 Al - Kahtani（2014）[9]采用 286 名利雅得市的城市家庭户主样本数据，利用描述性统计和回归分析方法，研究利雅得市食品价格波动对家庭消费的影响，发现收入较低的家庭对食品价格上涨更加脆弱和敏感。

二、食品价格波动对家庭消费影响的国内文献综述

冯立新和刘保军（1989）[10]以过去 10 年的统计资料为基本依据，揭示了人均食品消费支出增长与食品价格上涨之间实际上存

在的正相关关系。蔡丽婷（2012）[11]采用2000－2013年的福建省城镇家庭消费数据，构建包括恩格尔系数变量的回归模型，研究食品价格波动对不同收入等级家庭消费的影响，得出当以恩格尔系数衡量生活水平时，食品价格波动对低收入家庭生活水平的影响程度最大。王宋涛和王健（2012）[12]采用1996－2010年的省际面板数据，构建对数线性的面板数据回归模型。研究发现近几年由于我国食品消费价格的快速上涨导致居民生活水平的相对下降，经济的增长并不能带来居民生活水平的同步上升。尹兰田（2013）[13]通过扩展线性支出系统 ELES（Extend Linear Expenditure System）模型、协整关系检验和方差分解分析研究发现在短期内，食品价格上涨会对居民消费需求产生挤出效应。而在长期中，除衣着类和家庭设备用品服务类商品具有一定的需求刚性，其他类消费品均与食品价格呈现出负相关关系。赵昕东和汪勇（2013）[14]采用中国收入分配调查 CHIPS（Chinese Household Income Project Survey）2007 数据，构建 QUAIDS 模型。研究发现食品价格上涨会使得低收入家庭倾向维持原有食品消费数量而减少其他消费品数量，而高收入家庭倾向减少部分高档食品消费而维持其他商品消费数量。陈晓毅（2014）[15]构建自回归分布滞后模型 ARDL（Auto－Regressive Distributed Lag）模型研究食品价格波动对不同收入等级城镇家庭消费结构的影响，得出低收入城镇家庭应对食品价格波动的能力最弱，而中等收入城镇家庭对食品价格波动的反应最为敏感。赵涤非 等（2014）[16]采用 1995－2011

年 25 个城市的面板数据，构建 LA/AIDS 模型估计得到自价格弹性，分析了由于农产品贸易开放度变化引起的农村食品价格变化以及农村食品消费支出和消费量的变化，研究发现农产品贸易开放度的提升对农村居民粮食和蔬菜的消费支出影响最大，其次为禽蛋、肉类、油脂类和水产品；还研究发现农产品贸易开放度的提升对农村居民禽蛋、油脂类和蔬菜的消费需求影响最大，均超过 9%，而对粮食、肉类和水产品的消费量影响较小。蔡丽婷（2015）[17]以城镇不同收入群体消费受食品价格波动的收入效应和替代效应影响渠道为理论基础，构建恩格尔系数回归模型。研究发现在以恩格尔系数指标衡量的生活水平下，食品价格波动对低收入群体生活水平的影响程度最大，是其对高收入群体生活水平影响程度的 3.5 倍，而且从中等收入群体起，影响程度开始较大程度减弱。马敬桂和李静（2015）[18]采用城乡家庭消费和食品价格数据，构建食品价格波动对家庭消费的即期效应和滞后效应模型以及食品价格波动对家庭消费心理预期的影响模型，研究食品价格波动对家庭消费的影响，发现上期食品价格的微弱上涨会促进当期家庭消费，但食品价格的持续上涨会使得家庭对未来经济形势秉持一种悲观的态度，导致家庭消费信心下降，从而抑制家庭长期消费支出。张丹（2015）[1]利用中国 2012 年社会核算矩阵 SAM（Social Accounting Matrix）研究食品价格波动对城乡家庭消费的影响，发现不同收入等级城镇家庭受食品价格变动影响的差异性较小，而不同收入等级农村家庭受食品价格变动影响的差异性较大。王小叶（2015）[19]采用中国健康与营养调查 CHNS（China Health and Nutrition Survey）数据，应用准确映射的斯通指数隐含马歇尔需求系统 EASI 模型，研究食品价格上涨对不同典型代表性居民家庭消费行为的影响，得出对困难户和最低收入户而言，家庭人口数越少、抚养比越大，户主受教育程度越高、年龄越大，居住地越靠近西部偏远地区，遭受的福利损失越严重。"杨天宇和张品一（2015）[20]采用 CHNS2004 和 2009 数据，构建 QUAIDS 模型研究发现食品价格上涨对不同群体社会福利的影响具有异质性，其中经济较发达的省区和农业大省的城镇居民受食品价格上涨的冲击较小；中西部省区的低收入阶层很可能是食品价格上涨中受冲击最大的群体，也是最需要救助的群体。"韩啸等（2016）[21]采用 1995－2012 年全国 30 省市农村家庭食品消费数据，构建 QUAIDS 模型研究食品价格波动对农村家庭消费行为的影响，得出农村居民食品支出弹性将进一步下降，淀粉类食品消费比例趋于减少，畜禽产品、蔬菜等营养食品消费量则趋于增加。食品消费结构将随着收入提高最终达到一种动态均衡。"赵昕东和王小叶（2016）[22]采用 CHNS2004、2006 和 2009 数据"，构建准确映射的斯通指数隐含马歇尔需求系统 EASI（Exact Affine Stone Index implicit marshallian demand system）模型，研究各种类型食品价格上涨对不同收入等级城镇家庭消费与福利的影响，发现对于低收入和中等收入家庭，影响程度由大到小排序为动物性食品、粮食、蔬菜、食用油和调节性食品，而对于高收入家庭，影响程度由大到小排序为动物性食品、粮食、调节性食品、蔬菜和食用油。张品一（2017）[23]采用 CHNS2004 和 2009 数据，构建 QUAIDS 模型研究食品价格上涨对农村异质性家庭福利的影响，得出与其他地区农村家庭相比，2004 – 2009 年食品价格上涨对经济发达地区和农业大省的农村家庭影响更小。东北部地区的高收入农村家庭受益最大，而中西部和南部地区的低收入农村家庭受负面影响最大。韩建雨和刘杨含（2018）[24]分析安徽省食品价格波动和城乡居民消费需求发展趋势和特征，研究发现安徽省食品价格波动通过改变居民消费水平和消费结构、居民消费意愿和消费能力、居民食品消费支出和非食品消费支出等路径影响城乡居民消费需求变动。韩建雨和刘杨含（2018）[25]从食品价格波动对城乡居民消费需求影响的收入效应和替代效应，以及食品价格波动对城乡居民消费意愿和消费能力的影响两个角度，讨论安徽省食品价格波动对城乡居民消费需求的影响机制和途径。在此基础上，提出促进安徽省城乡居民消费需求增加政策建议，以防止食品价格水平大幅波动，稳定居民消费预期，多渠道提高居民收入，完善社会保障体系，提升居民消费信心，深入挖掘农村居民消费潜力，培育健康科学消费观念，突破居民消费资金约束，稳定有序发展消费信贷。孙坚强 等（2018）[26]研究我国居民食品的物价传导路径和传导机制，并拓展结合线性与非线性格兰杰因果检验进行两阶段的实证检验，研究发现食品价格存在两条基本传导路径，第一条是"农林牧渔初级生产"直接传导至"消费者消费"，第二条是"农林牧渔初级生产"传导至"食品加工生产"最后到"消费者消费"；前者传导顺畅，但后者传导阻滞，与价格干预的非对称和加工环节的弱市场结构有关。

三、文献述评

近年来，政府部门和高等教育机构增加了对家庭、个体和社区三个层次的微观调查。家庭微观调查数据的采用不仅可以解决宏观数据样本量较少、代理指标选取较为任意以及缺乏严格的论证和理论支持等问题，而且可以观察到反映人口统计特征的更多变量，比如所处收入等级、人口规模、受教育水平和所在地区等，能用于分析食品价格波动对家庭消费的异质性影响，从而得到更具说服力的研究结论。但目前我国还没有像英国家庭支出调查 FES（Family Expenditure Survey）数据和美国家庭金融调查 SCF（Survey of Consumer Finance）数据那样能够全面深入反映家庭人口统计特征的、长期的、较为系统和权威的家庭微观调查项目。国内外研究学者所采用的微观数据在分类和统计口径等方面的差异都很可能会导致研究结果出现很大差异。由于 CFPS 数据具有独特性，是国内首个具有全国代表性的家庭追踪调查数据，在研究家庭消费的异质性问题方面有无可比拟的优势。因此，本书第四至七章采用 CFPS2014 数据，研究食品价格波动对家庭消费的异质性影响。

当研究食品价格波动对家庭消费的异质性影响问题时，扩展线性支出系统 ELES（Expended Linear Expenditure System）模型和几乎理想需求系统 AIDS（Almost Ideal Demand System）模型等 2 秩需求系统模型通常假设异质性家庭增加相等消费支出时，异质性家庭增加的消费支出份额也相等。而实际上我国异质性家庭消费支出份额对异质性家庭消费支出变动的反应是不一致的，忽视异质性家庭之间的差异会导致对相关弹性值的错误估计。由此 3 秩需求系统模型更加符合经济规律，从而能够更好地拟合真实数据，这是其他线性需求系统模型很难实现的（Zheng，2008[27]；Obayelu 等，2009[28]）。Blundell 等（1997）[29]进一步放宽 AIDS 模型的假设条件，允许不同消费品消费支出份额随家庭消费支出发生非线性的二次变动，将其扩展为更加符合现实的 3 秩的 QUAIDS 模型。范金等（2011）[30]采用除西藏之外的 30 个省（自治区和直辖市）农民食品消费截面数据，分别构建 LES 模型、AIDS 模型、QES 模型、AIDADS 模型、MAIDADS 模型和 QUAIDS 模型研究发现与以马歇尔需求为理论基础的需求系统模型相比，以希克斯需求为理论基础的需求系统模型的拟合优度更高；通过比较需求支出弹性和需求支出弹性的标准差发现 QUAIDS 模型的估计结果表现最优；秩检验结果表明构建 3 秩需求系统模型研究农村家庭消费问题比较合理，进一步证明了 QUAIDS 模型和 AIDADS 模型均优于 AIDS 模型。因此，本书第四至七章构建 QUAIDS 模型研究食品价格波动对家庭消费结构的异质性影响。

构建 QUAIDS 模型进行实证研究时，通过估计的弹性值还可以研究食品价格波动对家庭福利的异质性影响问题。补偿变动和等价变动都是食品价格上涨使消费品价格提高，对效用水平变动的一种货币度量。但等价变动为当食品价格上涨后，为了使效用达到消费品价格提高后的最终效用水平，家庭节省的货币收入；而补偿变动为当食品价格上涨后，为了使家庭效用回到消费品价格提高前的初始效用水平，政府对家庭补偿的货币收入。由此补偿变动符合潜在帕累托改进规则，而等价变动不符合。Cranfield 和 Haq（2010）[31]采用1996年的国际比较项目 ICP（International Comparisons Project）数据，构建 QUAIDS 模型，运用补偿变动方法计算了四种食品价格上涨带来的福利效应。Azzam 和 Rettab（2012）[32]构建 AIDS 模型，运用补偿变动方法研究不同进口食品价格变化对阿拉伯联合酋长国居民带来的福利变化。赵昕东和汪勇（2013）[14]采用2007年中国居民收入调查 CHIPS 数据，构建 QUAIDS 模型，运用补偿变动方法研究发现与高收入家庭相比，食品价格上涨对低收入家庭福利的影响程度更大。周大超和朱玉春（2013）[33]采用1995－2009年我国农村居民在食品、交通通信和文教娱乐等商品消费的相关数据，构建 AIDS 模型研究发现不同收入水平的农村居民受消费品价格波动的影响不同，收入越低的农村家庭受消费品价格波动的影响越大，对农村不同收入水平家庭的补偿随其收入的增加呈下降趋势。Osei－Asare 和 Eghan（2013）[34]采用 GLSS 数据，构建 LA／AIDS 模型，运用补偿变动方法研究加纳食品价格上涨对家庭福利的影响。苗珊珊（2014）[35]采用1995 – 2011 年粮食生产与消费的相关数据，在对粮食供需弹性以及粮食收益率估计的基础上，构建 Minot 福利效应模型，运用补偿变动方法测算并比较分析粮食价格波动对农村居民与城镇居民福利变化的影响。苗珊珊（2014）[36]采用1978 – 2011 年中国粮食生产与消费的相关数据，在对粮食供需弹性以及粮食收益率估计的基础上，运用 Minot 福利效应模型，运用补偿变动方法测度与分解粮食价格波动中农户福利的变动。同海梅和陆迁（2014）[37]采用中国 1995 – 2010 年相关时间序列数据，构建 AIDS 需求系统模型估计城镇居民粮食消费的收入弹性和自价格弹性，借鉴 Minot&Goletti 福利效应模型，运用补偿变动方法测度粮食价格波动对城镇居民不同收入组的福利效应。罗超平 等（2017）[38]采用1989 – 2014 年粮食主产区 13 个省的省际面板数据，运用补偿变动方法研究粮食主产区粮食价格波动及农业补贴对农户福利效应变化的影响。罗超平 等（2017）[39]采用1989 – 2014 年主产区省际面板数据，构建主产区农户福利效应面板数据模型，运用补偿变动方法研究粮食价格波动对主产区农户生产福利、消费福利以及总福利变化的影响。因此，本书第四至七章运用补偿变动方法研究食品价格波动对家庭福利的异质性影响。

第三章

食品价格波动对家庭消费影响的现状分析

首先，本章对食品价格的现状进行分析，直观反映食品价格波动过程中存在的问题；其次，本章对全国及城乡家庭消费结构现状进行分析，直观反映全国及城乡家庭在消费过程中存在的问题；然后，本章分析食品价格与城乡家庭消费结构的关系；最后，本章对所做研究工作进行了小结。

一、食品价格的现状

国家统计局从 1951 年开始公布食品类商品零售价格指数（上年 = 100），而从 1984 年开始公布食品类居民消费价格指数（上年 = 100）。由于存在缺失数据，本章仅列出 1998 - 2017 年食品类价格指数的变动趋势，具体如表 3.1 所示。

表 3.1　1998 – 2017 年食品类价格指数（上年 = 100）的变动趋势

年份	食品类居民消费价格指数	食品类城市居民消费价格指数	食品类农村居民消费价格指数	食品类商品零售价格指数	食品类城市商品零售价格指数	食品类农村商品零售价格指数
1998	96.8	96.9	96.6	96.8	96.9	96.6
1999	95.8	95.6	96	95.8	95.7	96
2000	97.4	97.4	97.5	97.5	97.6	97.4
2001	100	100.1	99.8	100.6	100.7	100.6
2002	99.4	99.5	99.3	99.9	99.7	100.3
2003	103.4	103.4	103.4	103.4	103.2	103.7
2004	109.9	109.1	111.5	109.9	108.8	111.9
2005	102.9	103.1	102.5	103.1	103.3	102.8
2006	102.3	102.5	102.1	102.6	102.6	102.4
2007	112.3	111.7	113.6	112.3	111.7	113.6
2008	114.3	114.5	114	114.4	114.5	114
2009	100.7	101	100.1	100.9	101.1	100.2
2010	107.2	107.1	107.5	107.6	107.5	107.9
2011	111.8	111.6	112.4	111.9	111.8	112.2
2012	104.8	105.1	104	104.8	105.1	104
2013	104.7	104.6	104.9	104.7	104.6	105
2014	103.1	103.3	102.6	103	103.2	102.5
2015	102.3	102.3	102.4	102.2	102.1	102.4
2016	104.6	104.6	104.8	103.9	103.9	104.3
2017	98.6	98.8	98	99.4	99.5	98.7

从表 3.1 可以看出，1998 – 2017 年大部分年份食品类居民消费价格指数（上年 = 100）与食品类商品零售价格指数（上年 =

100）之间、食品类城市居民消费价格指数（上年＝100）与食品
类城市商品零售价格指数（上年＝100）之间、食品类农村居民
消费价格指数（上年＝100）与食品类农村商品零售价格指数
（上年＝100）之间的差别均很小。这很可能是因为食品类商品零
售价格指数与食品类居民消费价格指数的编制方法基本相同。
1998－2017 年食品类价格指数基本呈现先上升后下降的趋势，且
在 2008 年达到最大值。2017 年食品类价格指数均低于 100，其他
年份中只有 1998 年、1999 年和 2000 年三个年度食品类价格指数
均低于 100。因此，目前我国食品价格正处于下降趋势。

二、全国及城乡家庭消费结构现状

本书首先将家庭消费支出项目分为食品、衣着鞋帽、家庭设
备及日用品、医疗保健、居住、文教娱乐、交通通信以及其他消
费品八种类型。然后，参考李军（2012）[40]，本书将八种类型消
费品划分为生存型消费品、享受型消费品与发展型消费品三种层
次。其中，食品与衣着鞋帽为生存型消费品，家庭设备及日用品
与其他消费品为享受型消费品，居住、医疗保健、交通通信与文
教娱乐为发展型消费品。本章分析全国及城乡家庭对八种类型和
三种层次消费品的人均消费支出变动情况，结果如表 3.2 所示。
其中，不同样本期全国及城乡家庭对三种层次消费品的人均消费
支出为对应的样本期全国及城乡家庭对各种类型消费品人均消费
支出的加总。

表 3.2　家庭对八种类型和三种层次消费品的人均消费支出变动情况

样本期	人均可支配收入		人均消费支出		食品 (元)	衣着鞋帽 (元)	家庭设备日用品 (元)	医疗保健 (元)	居住 (元)	文教娱乐 (元)	交通通信 (元)	其他消费品 (元)	生存型消费品 (元)	享受型消费品 (元)	发展型消费品 (元)
	(元)	比上年同期实际增长百分比	(元)	比上年同期实际增长百分比											
2016Q1	6619.34	6.5	4453.55	7.1	1467.88	405.40	266.90	303.43	898.35	423.23	574.03	114.33	1873.28	381.2	2199.04
2016Q2	5266.66	6.5	3757.45	6.6	1068.84	246.41	235.51	338.25	874.42	367.00	530.27	96.68	1315.25	332.2	2109.94
2016Q3	5849.43	6.3	4036.06	6.4	1126.88	215.55	257.99	318.20	902.86	560.61	565.02	89.03	1342.43	347.0	2346.69
2016Q4	6085.57	6.3	4863.94	6.8	1487.40	335.64	283.60	347.13	1070.38	564.16	668.67	105.96	1823.04	389.6	2650.34
2017Q1	7184.00	7.0	4796.00	6.2	1535.00	403.00	277.00	352.00	978.00	480.00	645.00	127.00	1938.00	404.0	2455
2017Q2	5747.86	7.3	4038.12	6.1	1143.06	264.63	258.19	366.03	941.23	389.12	565.65	109.20	1407.69	367.4	2262.03
2017Q3	6409.92	7.5	4327.75	5.9	1169.37	222.14	285.29	368.32	995.87	601.77	584.40	100.59	1391.51	385.9	2550.36
2017Q4	6632.01	7.3	5160.28	5.4	1526.15	347.88	300.17	364.86	1191.77	615.36	703.89	110.21	1874.03	410.4	2875.88
2018Q1	7815.00	6.6	5162	5.4	1615	441	310	424	1107	454	676	135	2056.00	445.0	2661
2018Q2	6248.00	6.6	4447	6.7	1199	269	288	436	1050	478	610	118	1468.00	406.0	2574
2018Q3	6972.00	6.6	4672	6.3	1249	217	300	415	1112	624	645	108	1466.00	408.0	2796

注：数据来自中国统计月报 2018 年第 12 期，并经作者计算处理。其中，家庭人均可支配收入和人均消费支出比上年同期实际增长百分比为前几个季度的均值。

从表3.2可以看出，2016年第一季度至2018年第三季度期间，全国家庭的人均可支配收入和人均消费支出每年均呈现先降后升的趋势，其中从第一季度下降至第二季度，随后上升至第四季度。全国家庭的人均可支配收入和人均消费支出逐年增加，其中人均可支配收入比上年同期实际增长6.3～7.5%，人均消费支出比上年同期实际增长5.4～7.1%。全国家庭对八种类型消费品的人均消费支出均值从大到小排序为：食品（1326.1元）、居住（1011.1元）、交通通信（615.3元）、文教娱乐（505.2元）、医疗保健（366.7元）、衣着鞋帽（306.2元）、家庭设备及日用品（278.4元）、其他消费品（110.4元）。全国家庭对三种层次消费品的人均消费支出均值从大到小排序为：发展型消费品（2498.2元）、生存型消费品（1632.3元）、享受型消费品（388.8元）。因此，与生存型消费品相比，全国家庭对发展型消费品的人均消费支出更大，而对享受型消费品的人均消费支出更小，消费结构不合理，升级任重道远。

表 3.3　城镇家庭对八种类型和三种层次消费品的人均消费支出变动情况

样本期	人均可支配收入（元）	比上年同期实际增长百分比	人均消费支出（元）	比上年同期实际增长百分比	食品（元）	衣着鞋帽（元）	家庭设备及日用品（元）	医疗保健（元）	居住（元）	文教娱乐（元）	交通通信（元）	其他消费品（元）	生存型消费品（元）	享受型消费品（元）	发展型消费品（元）
2016Q1	9254.71	5.8	5969.97	5.7	1963.56	575.09	347.42	372.80	1232.00	561.76	759.56	157.77	2538.65	505.2	2926.12
2016Q2	7702.29	5.8	5215.03	5.3	1503.85	363.00	332.82	419.32	1204.66	515.90	731.94	143.50	1866.85	476.3	2871.82
2016Q3	8379.59	5.7	5611.60	5.3	1565.89	320.67	353.23	397.01	1252.00	800.95	785.21	136.68	1886.56	489.9	3235.17
2016Q4	8279.41	5.6	6282.40	5.7	1728.70	480.24	393.54	441.87	1425.34	759.39	897.28	157.05	2208.94	550.6	3523.88
2017Q1	9986.00	6.3	6387.00	5.4	2034.00	563.00	365.00	429.00	1334.00	632.00	854.0	176.00	2597.00	541.0	3249
2017Q2	8335.88	6.5	5544.28	5.1	1588.38	384.58	363.50	447.15	1288.33	550.24	760.50	161.60	1972.96	525.1	3046.22
2017Q3	9108.53	6.6	5914.70	4.5	1606.33	320.16	389.76	447.35	1361.93	854.60	780.11	154.48	1926.49	544.2	3443.99
2017Q4	8965.79	6.5	6598.97	4.1	1772.25	490.20	406.79	453.87	1579.74	809.80	926.90	159.42	2262.45	566.2	3770.31
2018Q1	10781	5.7	6749	3.4	2099	608	393	506	1489	605	863	186	2707.00	579.0	3463
2018Q2	8989	5.8	5996	4.7	1651	384	400	523	1422	640	807	171	2035.00	571.0	3392
2018Q3	9829	5.7	6269	4.3	1678	306	400	498	1504	865	852	163	1984.00	563.0	3719

注：数据来自中国统计月报 2018 年第 12 期，并经作者计算处理。其中，城镇家庭人均消费支出比上年同期实际增长百分比为比前几个季度的值。

从表3.3可以看出，2016年第一季度至2018年第三季度期间，城镇家庭的人均可支配收入和人均消费支出每年均呈现先降后升的趋势，其中从第一季度下降至第二季度，随后上升至第四季度。城镇家庭的人均可支配收入和人均消费支出逐年增加，但增长速度低于全国平均水平，其中人均可支配收入比上年同期实际增长5.6~6.6%，人均消费支出比上年同期实际增长3.4~5.7%。城镇家庭对八种类型消费品的人均消费支出均值从大到小排序为：食品（1744.6元）、居住（1372.1元）、交通通信（819.8元）、文教娱乐（690.4元）、衣着鞋帽（448.7元）、医疗保健（435.9元）、家庭设备及日用品（376.8元）、其他消费品（160.6元）。城镇家庭对三种层次消费品的人均消费支出均值从大到小排序为：发展型消费品（3331.0元）、生存型消费品（2180.5元）、享受型消费品（537.4元）。因此，与生存型消费品相比，城镇家庭对发展型消费品的人均消费支出更大，而对享受型消费品的人均消费支出更小，消费结构不合理，升级任重道远。

表 3.4　农村家庭对八种类型和三种层次消费品的人均消费支出变动情况

样本期	人均可支配收入		人均消费支出		食品(元)	衣着鞋帽(元)	家庭设备及日用品(元)	医疗保健(元)	居住(元)	文教娱乐(元)	交通通信(元)	其他消费品(元)	生存型消费品(元)	享受型消费品(元)	发展型消费品(元)
	(元)	比上年同期实际增长百分比	(元)	比上年同期实际增长百分比											
2016Q1	3578.14	7.0	2703.34	9.1	895.79	209.54	173.96	223.36	513.25	263.35	173.96	64.19	1105.33	238.2	1173.92
2016Q2	2471.86	6.7	2084.66	8.4	569.89	112.80	123.79	245.18	495.49	196.11	298.81	42.94	682.69	166.7	1235.59
2016Q3	2947.61	6.5	2229.20	8.2	623.41	95.07	148.75	227.79	502.36	284.70	312.40	34.37	718.48	183.1	1327.25
2016Q4	3365.39	6.2	3112.80	7.8	1176.92	157.58	149.50	232.67	635.90	325.84	388.89	44.50	1334.50	194.0	1583.3
2017Q1	3880.00	7.2	2921.00	6.8	946.00	216.00	173.00	261.00	558.00	301.00	173.00	68.00	1162.00	241.0	1293
2017Q2	2681.84	7.4	2252.84	7.0	616.06	120.79	133.73	270.16	530.29	198.06	336.36	48.38	736.85	182.1	1334.87
2017Q3	3215.90	7.5	2449.51	7.4	652.16	106.07	161.66	274.79	562.64	302.63	352.76	36.80	758.23	198.5	1492.82
2017Q4	3654.68	7.3	3331.18	6.8	1201.14	168.72	165.64	252.80	702.57	369.56	423.01	47.74	1369.86	213.4	1747.94
2018Q1	4226	6.8	3241	8.8	1030	240	209	325	644	272	209	72	1270.00	281.0	1450
2018Q2	2916	6.8	2565	10.1	649	128	154	329	598	280	371	55	777.00	209.0	1578
2018Q3	3503	6.8	2732	9.8	729	108	177	316	638	333	392	40	837.00	217.0	1679

注：数据来自中国统计月报 2018 年第 12 期，并经作者计算处理。其中，农村家庭人均可支配收入和人均消费支出比上年同期实际增长百分比为前几个季度的值。

从表 3.4 可以看出，2016 年第一季度至 2018 年第三季度期间，农村家庭的人均可支配收入和人均消费支出每年均呈现先降后升的趋势，其中从第一季度下降至第二季度，随后上升至第四季度。农村家庭的人均可支配收入和人均消费支出逐年增加，且增长速度高于全国平均水平，其中人均可支配收入比上年同期实际增长 6.2~7.5%，人均消费支出比上年同期实际增长 6.8~10.1%。农村家庭对八种类型消费品的人均消费支出均值从大到小排序为：食品（826.3 元）、居住（580.0 元）、交通通信（311.9 元）、文教娱乐（284.2 元）、医疗保健（268.9 元）、家庭设备及日用品（160.9 元）、衣着鞋帽（151.1 元）、其他消费品（50.4 元）。农村家庭对三种层次消费品的人均消费支出均值从大到小排序为：发展型消费品（1445.1 元）、生存型消费品（977.4 元）、享受型消费品（211.3 元）。因此，与生存型消费品相比，农村家庭对发展型消费品的人均消费支出更大，而对享受型消费品的人均消费支出更小，消费结构不合理，升级任重道远。

三、食品价格与城乡家庭消费结构关系分析

为了研究食品价格与城乡家庭消费结构的关系，本章分析 2016 年第一季度至 2018 年第三季度我国食品类价格指数与城乡家庭消费结构的变动情况，如表 3.5 所示。由于 2016－2018 年食品类城市居民消费价格指数以及食品类农村居民消费价格指数数

据缺失，本章分别以食品类商品零售价格指数、食品类城市商品零售价格指数和食品类农村商品零售价格指数数据代表全国及城乡食品价格的变化。本章取三个月的平均值，把食品类商品零售价格指数（上年同月 = 100）、食品类城市商品零售价格指数（上年同月 = 100）和食品类农村商品零售价格指数（上年同月 = 100）月度数据转化为相应的季度数据。

表3.5 我国食品类价格指数与城乡家庭消费结构的变动情况

时间	食品类价格指数			家庭			城镇家庭			农村家庭		
	食品类商品零售价格指数	食品类城市商品零售价格指数	食品类农村商品零售价格指数	生存型消费品（元）	享受型消费品（元）	发展型消费品（元）	生存型消费品（元）	享受型消费品（元）	发展型消费品（元）	生存型消费品（元）	享受型消费品（元）	发展型消费品（元）
2016Q1	105.43	105.37	105.97	1873.28	381.2	2199.04	2538.65	505.2	2926.12	1105.33	238.2	1173.92
2016Q2	104.80	104.67	105.53	1315.25	332.2	2109.94	1866.85	476.3	2871.82	682.69	166.7	1235.59
2016Q3	102.37	102.30	102.63	1342.43	347.0	2346.69	1886.56	489.9	3235.17	718.48	183.1	1327.25
2016Q4	103.17	103.20	103.10	1823.04	389.6	2650.34	2208.94	550.6	3523.88	1334.50	194.0	1583.3
2017Q1	98.77	98.80	98.73	1938.00	404.0	2455	2597.00	541.0	3249	1162.00	241.0	1293
2017Q2	98.87	99.03	97.97	1407.69	367.4	2262.03	1972.96	525.1	3046.22	736.85	182.1	1334.87
2017Q3	99.90	100.07	98.90	1391.51	385.9	2550.36	1926.49	544.2	3443.99	758.23	198.5	1492.82
2017Q4	99.97	100.07	99.37	1874.03	410.4	2875.88	2262.45	566.2	3770.31	1369.86	213.4	1747.94
2018Q1	102.20	102.37	101.47	2056.00	445.0	2661	2707.00	579.0	3463	1270.00	281.0	1450
2018Q2	101.00	101.13	100.23	1468.00	406.0	2574	2035.00	571.0	3392	777.00	209.0	1578
2018Q3	102.20	102.30	101.90	1466.00	408.0	2796	1984.00	563.0	3719	837.00	217.0	1679

注：数据来源于国家统计局和中国统计月报2018年第12期，并经作者计算处理。

37

从表3.5可以看出，2016年第一季度至2018年第三季度期间，我国食品类价格指数呈现出先下降后上升的趋势，其中食品类商品零售价格指数和食品类城市商品零售价格指数在2017年第一季度达到最小值，食品类农村商品零售价格指数在2017年第二季度达到最小值。与生存型消费品相比，全国及城乡家庭对发展型消费品的人均消费支出均更大，而对享受型消费品的人均消费支出均更小。虽然全国及城乡家庭消费结构由生存型消费品向发展型和享受型消费品过渡，但是全国及城乡家庭消费结构不合理，升级任重道远。

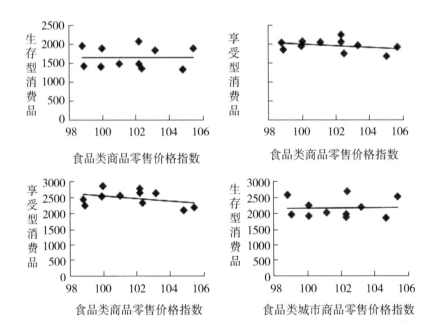

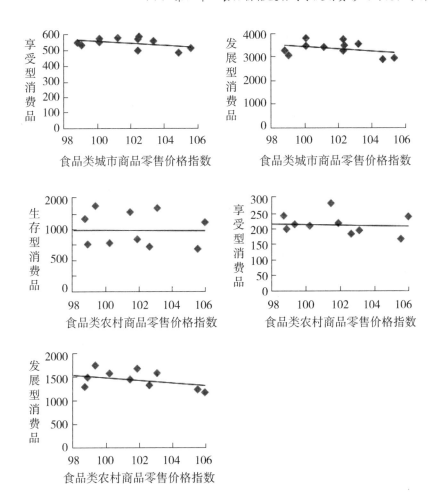

图 3.1　我国食品类价格指数与城乡家庭消费结构的散点图（2016Q1－2018Q3）

从图 3.1 可以看出，2016 年第一季度至 2018 年第三季度期间，我国食品类价格指数的提高会增加全国及城乡家庭对生存型消费品的人均消费支出，而降低全国及城乡家庭对享受型和发展型消费品的人均消费支出。且与享受型消费品相比，食品类价格指数的提高使全国及城乡家庭对生存型消费品的人均消费支出增加幅度更小，而对发展型消费品的人均消费支出下降幅度更大。因此，食品价格上涨不利于城乡家庭的消费结构升级，而食品价格下降有利于城乡家庭的消费结构升级。且与享受型消费品相比，食品价格波动使全国及城乡家庭对生存型消费品的人均消费支出变动幅度更小，而对发展型消费品的人均消费支出变动幅度更大。

第四章

食品价格波动对城乡家庭消费的影响研究[①]

由于投入产出价格模型可以用来深入研究食品部门价格变动不同幅度通过传递效应对其他部门价格的直接和间接影响，本章构建投入产出价格模型研究食品部门价格变动不同幅度对八种类型消费品部门价格的影响。食品价格变动必然会影响家庭消费结构，从而影响家庭效用水平。而效用水平是描述偏好的一种方式，效用水平变动可以反映福利变动。随着大学和政府机构调查并公布家庭微观调查数据，我们可以标定一个包含较多参数的需求系统模型。其中，CFPS2014 数据具有独特性，是国内首个具有全国代表性的家庭追踪调查数据，在研究家庭消费问题方面有无可比拟的优势。由于我国城乡家庭消费支出份额对家庭消费支出变动的反应是不一致的，忽视城市和乡村地区之间的差异会导致

① 本章主要内容已发表在 CSSCI 核心期刊《价格理论与实践》2017 年第 5 期，第 61 - 64 页。以独立作者身份发表的论文题目为"食品价格波动对城乡家庭消费的影响研究"。

对相关弹性的错误估计。因此，本章采用 CFPS2014 数据，构建 QUAIDS 模型研究食品价格波动对城乡家庭消费结构和福利的影响。

本章深入研究食品价格波动对城乡家庭消费的影响，不仅可以丰富家庭消费的研究内容，还可以实证检验消费函数理论在我国食品市场的适用性，有助于全面认识食品价格波动对城乡家庭消费的影响，为未来的城乡家庭消费研究奠定了扎实的研究基础。

食品价格和消费均为与城乡家庭日常生活联系密切的经济变量，也是城乡家庭在日常生活中时刻关注的焦点之一，与城乡家庭切身利益直接相关。加强食品价格波动对城乡家庭消费影响的研究有助于指导现实或者上升到政策意义层面，不仅为政府做出调控食品市场，以扩大内需的政策提供参考价值和现实指导，而且对提高我国人民生活水平和生活质量、产业结构调整升级和经济平稳快速增长有重大的现实意义。

一、全国及城乡家庭的消费特征

本章采用的 CFPS2014 数据由北京大学中国社会科学调查中心组织。CFPS 数据填补了国内家庭微观经济活动领域的数据空白，囊括家庭的收入和支出以及家庭成员的大量基本信息，符合分层随机原则和重点抽样（Oversampling）做法，较宏观加总数据具有异质性，很好地支持本章做深入全面的经验研究。由于海南省只有 3 个城市样本家庭和 1 个乡村样本家庭、内蒙古自治区只有 6 个城市样本家庭以及宁夏回族自治区只有 2 个城市样本家庭，CFPS2014 数据包括除海南、内蒙古、青海、宁夏、新疆和西藏之外 25 个省（自治区和直辖市）的样本家庭。2008－2010 年，CFPS 分别进行了初访、追访和正式访问的测试调查。目前还公布了 CFPS2011、2012、2014 和 2016 数据。由于 2014 年的 CFPS 追访调查数据更具有代表性，本章采用 CFPS2014 追访调查数据进行研究。

2014 年的 CFPS 追访调查数据共有 13946 户样本家庭。按照国家统计局城乡分类，其中有 6616 户城市（urban）家庭，7214 户乡村家庭，而 116 户家庭数据缺失。消费支出是家庭为了满足自身需要，购买不同消费品的支出过程。而消费结构是家庭对不同消费品的消费支出比例的消费过程。按照家庭消费的项目，本章将消费支出划分为食品支出、衣着鞋帽支出、家庭设备及日用品支出、医疗保健支出、居住支出、文教娱乐支出、交通通信支出与其他消费品，分别对应为 CFPS2014 数据中的食品支出－调整①，衣着鞋帽支出，家庭设备及日用品支出－调整，医疗保健支出，居住支出－调整，文教娱乐支出，交通通信支出－调整与其他消费性支出。按满足家庭需要层次分，消费品分为生存型消费、发展型消费与享受型消费品，如表 4.1 所示。

---

① 调整主要指的是将家庭自家消费部分折算成部分收入。具体的操作详见 2010 年技术报告 CFPS－14：《中国家庭追踪调查 2010 年家庭收入的调整办法》。

表 4.1 满足家庭需要层次及对应的消费品

满足家庭需要层次	消费品
生存型消费	食品 衣着鞋帽
享受型消费	家庭设备及日用品 其他用品和服务
发展型消费	居住 医疗保健 文教娱乐 交通通信

从表 4.1 可以看出，食品，衣着鞋帽为生存型消费品，用于社会资本简单再生产；家庭设备及日用品与其他用品和服务为享受型消费品，用于丰富和提高人民精神生活；医疗保健，交通通信与文教娱乐为发展型消费品，用于社会资本扩大再生产。满足家庭需要层次与八种类型消费品的对应关系实际上并不严格，比如文教娱乐中的娱乐部分属于享受型消费更符合现实。

根据研究的需要，我们剔除城乡分类数据缺失的样本，然后剔除消费支出缺失和为 0 以及至少四大类消费品支出同时为 0 的样本，最后通过删除数据异常的样本控制家庭纯收入和食品支出份额的地区差异，剩余 10307 户有效样本家庭，从而得到 2014 年全国及城乡家庭消费特征，如表 4.2 所示。其中，全国及城乡家庭对八种类型消费品支出份额比重为对应的样本家庭对八种类型消费品支出份额的算术平均。全国及城乡家庭对三种层次消费品支出份额比重为对应的样本家庭对各种类型消费品支出份额的加总。

表 4.2 2014 年全国及城乡家庭的消费特征

指标	全国	城市	乡村
有效样本家庭数（户）	10307	4471	5836
纯收入（元）	52812.34	69941.84	39689.32
消费支出（元）	46187.40	63803.63	32691.48
食品（%）	37.82	36.14	39.11
衣着鞋帽（%）	6.04	5.93	6.13
家庭设备及日用品（%）	9.53	10.43	8.85
医疗保健（%）	11.39	10.65	11.96
居住（%）	14.04	15.27	13.10
文教娱乐（%）	9.18	10.26	8.34
交通通信（%）	10.58	9.63	11.31
其他消费品（%）	1.41	1.69	1.20
生存型消费品（%）	44	42	45
享受型消费品（%）	11	12	10
发展型消费品（%）	45	46	45

注：全国不包括海南、内蒙古、青海、宁夏、新疆和西藏 6 个省（自治区和直辖市）以及港澳台地区。

从表 4.2 可以看出，本章所采用的 CFPS2014 数据共有 10307 户有效家庭户主样本，其中 4471 户城市家庭，5836 户乡村家庭。由于 CFPS2014 数据中没有对家庭可支配收入进行调查，且与工资性收入和家庭总收入等其他收入指标相比，家庭纯收入的调查内容更接近家庭可支配收入的调查内容，本章采用调整后的家庭纯收入代替家庭可支配收入。与全国平均水平相比，城市家庭纯收入和消费支出更大，而乡村家庭纯收入和消费支出更小。其中，对于家庭纯收入，城市家庭纯收入比全国家庭平均水平多 17129.5 元，乡村家庭纯收入比全国家庭平均水平少 13123.02 元。对于家庭消费支出，城市家庭消费支出比全国家庭平均水平多 17616.23 元，乡村家庭消费支出比全国家庭平均水平少 13495.92 元。由于家庭数不一样，2014 年全国家庭对八种类型消费品的支出份额并不是城乡家庭对八种类型消费品支出份额的算术平均，而是全国所有样本家庭对八种类型消费品支出份额的算术平均。按照联合国粮农组织的标准，恩格尔系数在 30% ～40% 之间为富裕。然而，恩格尔系数是否符合我国现实情况，国内研究学者一直存在争议。总的来说，我国家庭生活水平变动符合恩格尔定律。随着人均收入水平开始向小康水平迈进，家庭不仅将更多的收入用于满足其自身舒适、安逸和身心健康等方面的享受型消费品，比如家用电器、高级营养品和 KTV 等享受型消费品，还开始增加教育、精神文化和体育锻炼等方面的发展型消费。虽然家庭消费结构由生存型消费向家庭设备及日用品等享受型消费品，甚至向交通通信等发展型消费过渡，但家庭对生存型、享受型与发展型消费品支出份额比重为 44∶11∶45。其中，城乡家庭对生存型、享受型与发展型消费品支出份额比重分别为 42∶12∶46 和 45∶10∶45。因此，城乡家庭生活质量的提高十分乏力，消费结构升级任重道远。且与城市家庭相比，乡村家庭的消费结构更不合理。

二、基于投入产出价格模型的消费品价格计算

为了估计需求系统模型，我们需要消费品价格数据。国内研究学者大多利用消费品消费价格指数得到消费品价格数据。范金等（2011）[30]采用除西藏之外的 30 个省（自治区和直辖市）农民食品消费截面数据，分别构建六种需求系统模型研究农民食品消费问题。赵昕东和汪勇（2013）[14]采用《中国统计年鉴 2008》中 9 个省（自治区和直辖市）消费品价格指数，构建 QUAIDS 模型研究食品价格上涨对城市家庭消费的影响。乔红芳和魏世勇（2014）[41]按照《福建统计年鉴》新标准下的分类价格指数处理得到各类消费价格指数，构建 LA – AIDS 模型研究福建省城乡家庭消费结构问题。但这些研究均没有考虑各类消费品价格变动的传递效应。

而投入产出价格模型可以用来深入研究某个部门价格变动不同幅度通过传递效应对其他部门价格的直接和间接影响。投入产出在我国已经有 50 多年的历史，20 世纪 50 年代张守一等国内研究学者从苏联引进了投入产出理论，并在国内进行调研，由于历史原因当时没有真正展开，但为投入产出在中国的发展打下了很好的基础。梁亚民和韩君（2014）[2]构建投入产出价格模型研究食品价格变动不同幅度对各产业部门、生产环节以及消费环节价格水平的影响。参考吕建兴 等（2017）[42]与李文星（2017）[43]，食品价格波动会对 CPI 产生影响。参考梁亚民和韩君（2014）[2]，

为了解决25个省（自治区和直辖市）消费品价格数据不易得到的难题，本章构建投入产出价格模型，分别经验研究 25 个省（自治区和直辖市）食品价格同时变动不同幅度对八种类型和三种层次消费品价格的影响。

（一）消费结构与部门对应表

由于地区投入产出表中 42 个部门产品与八种类型消费品不是一一对应的，有可能多类消费品均由同一个部门生产，也有可能某一类消费品由多个部门生产。参考《中国 2007 年投入产出表编制方法》《家庭消费支出分类（2013）》与《中国家庭追踪调查技术报告系列：CFPS – 15》，本章分别重新编制 25 个省（自治区和直辖市）2007 年 42 个部门地区投入产出表，把八种类型消费品对应为对地区投入产出表中 42 个部门产品，如表 4.3 所示；然后，对 2007 年 42 个部门地区投入产出表进行分解与合并，得到 25 个省（自治区和直辖市）2012 年 8 个部门地区投入产出表。本章根据直接消耗系数思想推导出投入产出价格模型，以经验研究 25 个省（自治区和直辖市）食品价格同时变动不同幅度对八种类型和三种层次消费品价格的影响。

表 4.3　消费品与部门对应表

消费品	部门
食品	农林牧渔业 食品制造及烟草加工业
衣着鞋帽	纺织业 纺织服装鞋帽皮革羽绒以及制品业

消费品	部门
家庭设备及日用品	金属矿采选业 木材加工及家具制造业 非金属矿物制品业 金属冶炼及压延加工业 金属制品业 电气机械及器材制造业
医疗保健	化学工业 通用、专用设备制造业 卫生、社会保障和社会福利业
居住	煤炭开采和洗选业 石油和天然气开采业 非金属矿以及他矿采选业 石油加工、炼焦及核燃料加工业 电力、热力的生产和供应业 燃气生产和供应业 水的生产和供应业 建筑业 房地产业
文教娱乐	造纸印刷及文教体育用品制造业 仪器仪表及文化办公用机械制造业 租赁和商务服务业 水利、环境和公共设施管理业 研究与实验发展业 教育 文化、体育和娱乐业
交通通信	交通运输设备制造业 通信设备、计算机以及其他电子设备制造业 交通运输及仓储业 邮政业 信息传输、计算机服务和软件业
其他消费品	工艺品以及其他制造业 废品废料 批发零售业 住宿和餐饮业 金融业 综合技术服务业 家庭服务和其他服务业 公共管理和社会组织

(二) 投入产出价格模型

本章构建投入产出价格模型经验研究 25 个省（自治区和直辖市）食品价格同时变动不同幅度对八种类型和三种层次消费品价格的影响，还需要假设消费品价格变动会受到成本中物质或者服务消耗费用变动的影响；食品部门价格变动不会影响八种类型消费品部门的实物量，只会影响八种类型消费品部门的价值量，即食品部门价格变动不会对当期家庭消费结构产生影响；不考虑折旧、工资、生产税净额以及营业盈余变动；不考虑企业降低成本措施和供求因素的影响。

我们可以根据直接消耗系数思想、成本结构或者再分配等多种方法推导出投入产出价格模型。但是当研究 25 个省（自治区和直辖市）食品价格同时变动不同幅度对八种类型和三种层次消费品价格的影响时，根据不同方法推导出的投入产出价格模型得出的实证结果相同。因此，本章仅根据梁亚民和韩君（2014）[2]中的成本结构方法推导出投入产出价格模型。由于投入产出价格模型中的完全需要系数是关于直接消耗系数的逆矩阵，食品部门价格变动会直接和间接影响八种类型消费品部门的物质或者服务消耗费用等成本，从而会直接和间接影响八种类型消费品部门价格。由于投入产出价格模型不需要食品部门价格变动的实际数据，本章假设 25 个省（自治区和直辖市）食品部门价格最终同时变动 10%、20%、30%、40%、50% 甚至 100%。参考王勇（2017）[44]，投入产出价格模型为：

$$p^{(1)} = [p_1] \; ; \; p^{(2)} = \begin{bmatrix} p_2 \\ p_3 \\ \vdots \\ p_{17} \end{bmatrix} \; ; \; \bar{y}^{(1)} = [\bar{y}_1] \; ; \; \bar{y}^{(2)} = \begin{bmatrix} \bar{y}_2 \\ \bar{y}_3 \\ \vdots \\ \bar{y}_{17} \end{bmatrix} \quad (4.1)$$

$$\bar{B}' = [(I-A)^{-1}]' = \begin{bmatrix} \bar{B}_{11} & \bar{B}_{12} \\ \bar{B}_{21} & \bar{B}_{22} \end{bmatrix}' = \begin{bmatrix} \bar{B}'_{11} & \bar{B}'_{21} \\ \bar{B}'_{12} & \bar{B}'_{22} \end{bmatrix} = \begin{bmatrix} H_{11} & H_{12} \\ H_{21} & H_{22} \end{bmatrix}$$

(4.2)

其中，$p^{(1)}$ 为食品价格变动幅度；$p^{(2)}$ 为八种类型消费品价格变动幅度；$\bar{y}^{(1)}$ 为食品增加值结构系数；$\bar{y}^{(2)}$ 为八种类型消费品增加值结构系数；$\bar{B}$ 为完全需要系数，而文章梁亚民和韩君 (2014)[2] 中 $\bar{B}$ 为完全需要系数的转置；A 为直接消耗系数。运用矩阵分块法，投入产出价格模型可以表示为：

$$p = \begin{bmatrix} p^{(1)} \\ p^{(2)} \end{bmatrix} = \bar{B}'\bar{y} = \begin{bmatrix} H_{11} & H_{12} \\ H_{21} & H_{22} \end{bmatrix} \begin{bmatrix} \bar{y}^{(1)} \\ \bar{y}^{(2)} \end{bmatrix}$$

(4.3)

右边分块计算，得到：

$$\begin{cases} p^{(1)} = H_{11}\bar{y}^{(1)} + H_{12}\bar{y}^{(2)} \\ p^{(2)} = H_{21}\bar{y}^{(1)} + H_{22}\bar{y}^{(2)} \end{cases}$$

(4.4)

其中，$p^{(1)}$ 给定，$p^{(2)}$、$\bar{y}^{(1)}$ 和 $\bar{y}^{(2)}$ 未知，求解得到：

$$\begin{cases} \Delta\bar{y}^{(1)} = H_{11}^{-1}(\Delta p^{(1)} - H_{12}\Delta\bar{y}^{(2)}) \\ \Delta p^{(2)} = H_{21}H_{11}^{-1}(\Delta p^{(1)} - H_{12}\Delta\bar{y}^{(2)}) + H_{22}\Delta\bar{y}^{(2)} \end{cases}$$

(4.5)

假设当食品部门价格 $p^{(1)}$ 变动后，八种类型增加值结构系数 $\bar{y}^{(2)}$ 保持不变。我们简化式（4.5）可以得到食品价格变动不同幅度影响八种类型消费品价格的模型为：

$$\begin{cases} \Delta \bar{y}^{(1)} = H_{11}^{-1} \Delta p^{(1)} = (\bar{B}_{11}^{-1})' \Delta p^{(1)} \\ \Delta p^{(2)} = H_{21} H_{11}^{-1} \Delta p^{(1)} = \bar{B}_{12}' (\bar{B}_{11}^{-1})' \Delta p^{(1)} \end{cases} \tag{4.6}$$

由于投入产出价格模型中的完全需要系数 $\bar{B}$ 是关于直接消耗系数 A 的逆矩阵，本章通过构建投入产出价格模型得到的 25 个省（自治区和直辖市）食品价格同时变动不同幅度对八种类型和三种层次消费品价格的影响结果为食品价格波动对八种类型和三种层次消费品价格的完全影响。表 4.4 仅列出 25 个省（自治区和直辖市）食品价格同时上涨 10% 的情况。由于投入产出价格模型结果的对称性，食品价格不同幅度的上涨或者下降均会使八种类型和三种层次消费品价格也相同比例的上涨或者下降，结果可以直接计算出。其中，25 个省（自治区和直辖市）家庭购买的三种层次消费品价格变动幅度为对应的家庭户主样本对各种类型消费品价格变动幅度的算术平均。数据处理和分析软件为 Matlab R2014a。

表 4.4　25 个省（自治区和直辖市）家庭购买的八种类型和

三种层次消费品价格变动幅度（单位:%）

地区	食品	衣着鞋帽	家庭设备及日用品	医疗保健	居住	文教娱乐	交通通信	其他消费品	生存型消费品	享受型消费品	发展型消费品
北京	10	0.39	0.17	0.32	0.16	0.35	0.15	0.39	5.20	0.28	0.25
天津	10	0.97	0.21	0.31	0.17	0.22	0.21	0.51	5.49	0.36	0.23

续表

地区	食品	衣着鞋帽	家庭设备及日用品	医疗保健	居住	文教娱乐	交通通信	其他消费品	生存型消费品	享受型消费品	发展型消费品
河北	10	3.04	0.28	0.46	0.22	0.67	0.45	0.41	6.52	0.35	0.45
辽宁	10	2.23	0.37	0.45	0.26	0.41	0.33	0.92	6.12	0.65	0.36
上海	10	0.32	0.20	0.25	0.15	0.18	0.20	0.49	5.16	0.35	0.20
江苏	10	2.46	0.56	0.67	0.40	0.63	0.42	0.76	6.23	0.66	0.53
浙江	10	0.81	0.43	0.42	0.35	0.35	0.29	0.64	5.41	0.54	0.35
福建	10	1.14	0.69	0.86	0.39	0.46	0.38	0.92	5.57	0.81	0.52
山东	10	3.56	0.59	0.78	0.46	0.67	0.70	1.06	6.78	0.83	0.65
广东	10	0.87	0.41	0.39	0.24	0.24	0.21	0.62	5.44	0.52	0.27
吉林	10	0.74	1.08	0.84	0.47	0.31	0.62	0.90	5.37	0.99	0.56
黑龙江	10	3.19	0.68	0.47	0.22	0.27	0.26	0.70	6.60	0.69	0.31
江西	10	1.51	0.47	0.69	0.43	0.72	0.36	0.71	5.76	0.59	0.55
安徽	10	2.98	0.58	0.56	0.37	0.45	0.35	1.00	6.49	0.79	0.43
山西	10	4.47	0.26	0.53	0.31	0.70	0.33	0.59	7.24	0.43	0.47
河南	10	3.92	1.07	1.41	0.68	0.87	0.79	1.85	6.96	1.46	0.94
湖北	10	2.20	0.45	0.45	0.43	0.43	0.39	0.75	6.10	0.60	0.43
湖南	10	2.37	0.54	0.36	0.34	0.61	0.30	0.70	6.19	0.62	0.40
四川	10	2.79	0.46	0.51	0.34	0.53	0.34	1.12	6.40	0.79	0.43
贵州	10	2.01	0.39	0.91	0.27	0.18	0.35	0.65	6.01	0.52	0.43
云南	10	4.02	0.38	0.58	0.34	0.45	0.49	0.66	7.01	0.52	0.47
陕西	10	3.59	0.13	0.30	0.16	0.23	0.15	0.59	6.80	0.36	0.21
甘肃	10	3.61	0.19	0.34	0.28	0.23	0.61	0.82	6.81	0.51	0.37
重庆	10	2.10	0.22	0.29	0.29	0.34	0.27	0.80	6.05	0.51	0.30
广西	10	3.50	0.48	0.76	0.41	0.54	0.38	0.45	6.75	0.47	0.52

(三) 消费品价格变动

本章通过构建投入产出价格模型得到 25 个省（自治区和直辖市）食品价格同时变动不同幅度对八种类型和三种层次消费品价格的影响。25 个省（自治区和直辖市）消费品价格变动幅度结果即为 QUAIDS 模型中的消费品价格变量，从而解决了消费品价格数据难以得到的难题。为了研究食品价格变动不同幅度对城乡消费品价格的影响，本章分别进行算术平均把 25 个省（自治区和直辖市）家庭购买的八种类型和三种层次消费品价格变动幅度转化为全国及城乡家庭购买八种类型和三种层次消费品价格变动幅度。表 4.5 仅列出 25 个省（自治区和直辖市）食品价格同时上涨 10% 的情况。其中，全国及城乡家庭购买八种类型消费品价格变动幅度为对应的样本家庭购买八种类型消费品价格变动幅度的算术平均。全国及城乡家庭购买三种层次消费品价格变动幅度为对应的样本家庭购买各种类型消费品价格变动幅度的算术平均。

表 4.5 全国及城乡家庭购买八种类型和三种层次消费品价格变动幅度（单位:%）

地区	食品	衣着鞋帽	家庭设备及日用品	医疗保健	居住	文教娱乐	交通通信	其他消费品	生存型消费品	享受型消费品	发展型消费品
全国	10	2.66	0.47	0.59	0.34	0.47	0.43	0.87	6.33	0.67	0.46
城市	10	2.38	0.47	0.57	0.33	0.45	0.39	0.84	6.19	0.66	0.44
乡村	10	2.88	0.47	0.61	0.35	0.48	0.46	0.89	6.44	0.68	0.48

从横向来看，食品价格上涨10%会使全国及城乡家庭购买八种类型和三种层次消费品价格均出现上涨。且全国及城乡家庭购买其他七种类型消费品的变动幅度从大到小排序为：衣着鞋帽（2.66%）、其他消费品（0.87%）、医疗保健（0.59%）、家庭设备及日用品（0.47%）、文教娱乐（0.47%）、交通通信（0.43%）、居住（0.34%）。全国及城乡家庭购买三种层次消费品价格变动幅度从大到小排序为：生存型消费品（6.33%）、享受型消费品（0.67%）、发展型消费品（0.46%）。反之亦然。这表明食品价格与全国及城乡家庭购买八种类型和三种层次消费品价格之间存在着较为稳定的正向关系。其中，全国及城乡家庭购买享受型和发展型消费品价格上涨幅度较大，而全国及城乡家庭购买生存型消费品价格上涨幅度较小。这是因为食品价格波动通常首先影响消费产业，然后沿着国民经济产业链延伸和扩散到上游产业，最终影响生产产业。生存型消费品对应的产业为第一产业和第二产业，且处于产业链下游，会首先受到食品价格波动的影响。而享受型和发展型消费品对应的产业为第二产业和第三产业，且处于产业链上游，受到食品价格波动的影响程度较小。

从纵向来看，对城乡家庭购买八种类型和三种层次消费品价格的变动情况进行比较分析。与城市家庭相比，食品价格上涨10%使乡村家庭购买其他七大类和三种层次的消费品价格上涨幅度更大。因此，与城市家庭相比，食品价格变动不同幅度均使乡村家庭购买其他七大类和三种层次的消费品价格变动幅度更大，城乡家庭购买消费品价格变动的地区异质性显著。

三、食品价格波动对城乡家庭消费结构的影响

（一）QUAIDS 模型

参考赵昕东和汪勇（2013）[14]，根据 PIGLOG（Price Independent Generalized Log）偏好假说，间接效用函数 V 为：

$$\ln V = \left\{ \left[\frac{\ln m - \ln a(p)}{b(p)} \right]^{-1} + \lambda(p) \right\}^{-1} \tag{4.7}$$

其中，m 为代表性家庭消费支出；$a(p)$ 为综合价格指数；p 为消费品价格的向量；$b(p)$ 为 Cobb－Douglas 价格集合指数；$\lambda(p)$ 为零次齐次函数；$\ln a(p)$，$b(p)$，$\lambda(p)$ 分别表示为：

$$\ln a(p) = \alpha_0 + \sum_{i=1}^{8} \alpha_i \ln p_i + \frac{1}{2} \sum_{i=1}^{8} \sum_{j=1}^{8} \gamma_{ij} \ln p_i \ln p_j \tag{4.8}$$

$$b(p) = \prod_{i=1}^{8} p_i^{\beta_i} \tag{4.9}$$

$$\lambda(p) = \sum_{i=1}^{8} \lambda_i \ln p_i \tag{4.10}$$

其中，i 为消费品的种类，$i = 1, \cdots, 8$。采用 Roy 同一性定理求解得到 QUAIDS 模型为：

$$w_i = \alpha_i + \sum_{j=1}^{8} \gamma_{ij} \ln p_j + \beta_i \ln \left[\frac{m}{a(p)} \right] + \frac{\lambda_i}{b(p)} \left\{ \ln \left[\frac{m}{a(p)} \right] \right\}^2 + \mu_i$$

$$\tag{4.11}$$

其中，w_i 为消费品 i 支出份额，满足 $\sum_{i=1}^{8} w_i = 1$；j 也为消费品

的种类，$j = 1, \cdots, 8$；α_i、γ_{ij}、β_i 和 λ_i 为待估计参数；μ_i 为随机干扰项。

本章在 QUAIDS 模型中加入反映家庭所在地区的人口特征变量。Ray 使用的支出函数形式为：

$$E(p,z,u) = m_0(p,z,u)E^R(p,u) \qquad (4.12)$$

其中，z 为反映家庭所在地区的人口特征变量；$m_0(p,z,u)$ 为加入人口特征变量的尺度函数；$E^R(p,u)$ 为支出函数，u 为效用值。

Ray 进一步简化尺度函数为：

$$m_0(p,z,u) = \bar{m}_0(z)\varphi(p,z,u) \qquad (4.13)$$

其中，$\bar{m}_0(z) = 1 + \rho'z$；$\rho$ 为待估参数向量。Poi（2012）[3] 简化参数 $\varphi(p,z,u)$ 为：

$$\ln\varphi(p,z,u) = \frac{\prod\limits_{j=1}^{8} P_j^{\beta_j}\left(\prod\limits_{j=1}^{8} p_j^{\eta'_j z} - 1\right)}{\dfrac{1}{\mu} - \sum\limits_{j=1}^{8} \lambda_j \ln p_j} \qquad (4.14)$$

其中，由于人口特征变量 z 的维度为 3，η_j 为 3×8 矩阵 η 的第 j 列。加入反映家庭所在地区的人口特征变量后，QUAIDS 模型为：

$$
\begin{aligned}
w_i = {}& \alpha_i + \sum_{j=1}^{8} \gamma_{ij} \ln p_j + (\beta_i + \eta'_i z)\ln\left[\frac{m}{\bar{m}_o(z)a(p)}\right] \\
& + \frac{\lambda_i}{b(p)c(p,z)}\left\{\ln\left[\frac{m}{\bar{m}_0(z)a(p)}\right]\right\}^2 + \mu_i
\end{aligned}
\qquad (4.15)
$$

其中，$c(p,z) = \prod_{j=1}^{8} p_j^{\eta_j' z}$。

根据参数估计结果，可以得到八种类型消费品的需求支出弹性 e_i 与需求价格弹性 e_{ij}。我们将 w_i 分别对 $\ln m$ 和 $\ln p_j$ 求偏导得到：

$$\mu_i = \frac{\partial w_i}{\partial \ln m} = \beta_i + \eta_i' z + \frac{2\lambda_i}{b(p)c(p,z)} \ln\left[\frac{m}{m_o(z)a(p)}\right] \quad (4.16)$$

$$\mu_{ij} = \frac{\partial w_i}{\partial \ln p_j} = \gamma_{ij} - w_i(e_i - 1)\left(\alpha_j + \sum_{j=1}^{8} \gamma_{ij}\ln p_j\right)$$

$$\qquad\qquad\qquad\qquad\qquad\qquad\qquad\qquad (4.17)$$

$$- \frac{(\beta_i + \eta_i' z)\lambda_i}{b(p)c(p,z)}\left\{\ln\left[\frac{m}{m_0(z)a(p)}\right]\right\}^2$$

由式（4.16）可以得到需求支出弹性为：

$$e_i = 1 + \frac{\mu_i}{w_i} \quad (4.18)$$

由式（4.17）可以得到马歇尔价格弹性（未补偿的价格弹性）为：

$$e_{ij}^{\ u} = \frac{\mu_{ij}}{w_i} - \delta_{ij} \quad (4.19)$$

其中，δ_{ij} 是克罗内克乘数（Kronecker Product），即当 $i = j$ 时，$\delta_{ij} = 1$，否则 $\delta_{ij} = 0$。

根据斯勒茨基（Slutsky）方程，希克斯价格弹性（补偿的价格弹性）为：

$$e_{ij}^{\ c} = \frac{\mu_{ij}}{w_i} - \delta_{ij} + e_i w_j \quad (4.20)$$

其中，当 $\delta_{ij} = 1$ 时，$e_{ij}^{\ c}$ 为希克斯自价格弹性；当 $\delta_{ij} = 0$ 时，

$e_{ij}{}^{c}$ 为希克斯交叉价格弹性。

为使给定效用水平下的支出更小化，还需对 QUAIDS 模型施加可加性、同一性和对称性三个基本约束，分别为：

$$\sum_{i=1}^{8} \alpha_i = 1 \ ; \ \sum_{j=1}^{8} \gamma_{ji} = 0 \ ; \ \sum_{j=1}^{3} \eta_{ji} = 0 \qquad (4.21)$$

$$\sum_{i=1}^{8} \beta_i = 1 \ ; \ \sum_{i=1}^{8} \lambda_i = 1 \qquad (4.22)$$

$$\gamma_{ij} = \gamma_{ji} \ , \ i \neq j \qquad (4.23)$$

可加性约束使城乡家庭对八种类型消费品的支出之和等于消费支出；同一性约束意味着所有消费品价格和消费支出同时变动相同比例不会影响城乡家庭消费需求；对称性约束使需求函数为齐次函数。

（二）参数估计

本章加入地区虚拟变量 Z_i（$i=2$）到 QUAIDS 模型中。当家庭在乡村地区时，$Z_2 = 1$，否则 $Z_2 = 0$。本章运用 Poi（2012）[3] 建议的 INSUR 方法用于参数的估计。本章仅列出 25 个省（自治区和直辖市）食品价格同时上涨 10% 时的结果，如表 4.6 所示。数据处理和分析软件为 Stata 13.1。

表 4.6　QUAIDS 模型参数估计结果

参数	系数	z 值	参数	系数	z 值	参数	系数	z 值
α_1	0.267***	15.14	γ_{81}	−0.002	−1.11	γ_{66}	−0.034***	−4.26
α_2	0.123***	22.36	γ_{22}	0.001	1.02	γ_{76}	−0.021***	−6.61
α_3	0.149***	8.92	γ_{32}	−0.003	−1.32	γ_{86}	0.003*	1.83

续表

参数	系数	z值	参数	系数	z值	参数	系数	z值
α_4	0.162***	10.60	γ_{42}	−0.002	−1.15	γ_{77}	−0.016***	−5.18
α_5	0.237***	10.51	γ_{52}	0.010***	2.87	γ_{87}	−0.0001	−0.05
α_6	−0.041**	−2.37	γ_{62}	0.007***	3.49	γ_{88}	−0.0004	−0.28
α_7	0.090***	9.73	γ_{72}	0.006***	4.47	λ_1	−0.046***	−13.34
α_8	0.012***	3.29	γ_{82}	−0.002***	−3.25	λ_2	−0.001	−1.16
β_1	0.202***	18.05	γ_{33}	−0.062***	−7.53	λ_3	0.029***	14.49
β_2	0.002	0.43	γ_{43}	0.020***	3.22	λ_4	−0.001	−0.35
β_3	−0.130***	−13.96	γ_{53}	−0.068***	−8.12	λ_5	0.040***	12.98
β_4	−0.013	−1.00	γ_{63}	0.051***	8.43	λ_6	−0.017***	−9.22
β_5	−0.199***	−15.36	γ_{73}	−0.001	−0.27	λ_7	−0.004***	−3.37
β_6	0.119***	11.18	γ_{83}	0.0001	0.04	λ_8	0.0003	0.54
β_7	0.017***	2.39	γ_{44}	−0.035***	−4.91	η_{21}	0.002***	2.86
β_8	0.001	0.51	γ_{54}	−0.007	−0.78	η_{22}	−0.0004**	−2.02
γ_{11}	−0.077***	−5.47	γ_{64}	0.007	1.36	η_{23}	−0.001	−1.35
γ_{21}	−0.017***	−5.85	γ_{74}	0.002	0.71	η_{24}	0.002***	3.23
γ_{31}	0.062***	7.66	γ_{84}	0.003*	1.88	η_{25}	−0.002***	−4.54
γ_{41}	0.012	1.49	γ_{55}	−0.143***	−7.63	η_{26}	−0.002***	−3.37
γ_{51}	0.107***	8.65	γ_{65}	0.066***	7.02	η_{27}	0.002***	7.68
γ_{61}	−0.079***	−10.83	γ_{75}	0.037***	5.93	η_{28}	−0.001***	−5.36
γ_{71}	−0.006	−1.35	γ_{85}	−0.001	−0.38	ρ_2	−0.280***	−6.51

注：***、**和*分别表示在1%、5%和10%的水平上显著。

从表4.6可以看出，69个回归参数中只有48个（70%）参数估计值在10%的显著性水平下显著。这是因为本章对有效样本城乡家庭的选择会产生样本选择性偏误问题，从而导致回归参数

不显著。其次，在消费支出二次项系数全为 0 的原假设下，Wald
检验结果中的 $\chi^2(7)$ 值为 353.29，其统计显著性水平小于 1%，
拒绝原假设。由此本章更适合构建消费支出二次项系数不全为 0
的 QUAIDS 模型研究食品价格波动对城乡家庭消费的影响。如果
接受原假设，本章应该构建消费支出二次项系数全为 0 的线性
AIDS 模型。这表明 QUAIDS 模型具有全局性特点，更适用于一般
化的需求系统模型研究，这与范金等（2011）[30] 以及吴蓓蓓 等
（2012）[45] 得出的结论一致。最后，在乡村地区虚拟变量系数
$\eta_{2i}(i = 1, \cdots, 8)$ 全为 0 的原假设下，Wald 检验结果中的 $\chi^2(8)$ 值
为 140.29，其统计显著性水平小于 1%，拒绝原假设。因此，城
乡家庭之间消费变动的地区异质性显著。

（三）弹性分析

1. 需求支出弹性

需求支出弹性指的是由于家庭消费支出变动率导致的消费需
求变动率。本章仅列出 25 个省（自治区和直辖市）食品价格同
时上涨 10% 的结果，如表 4.7 所示。

表 4.7　城乡家庭对八种类型消费品的需求支出弹性

地区	食品	衣着鞋帽	家庭设备及日用品	医疗保健	居住	文教娱乐	交通通信	其他消费品
城市	0.83	0.94	1.35	0.84	1.19	1.19	0.92	1.18
乡村	0.90	0.94	1.27	0.87	1.09	1.30	0.97	1.19

从横向来看，八种类型消费品需求支出弹性均大于 0，均为正常品，符合经济理论预期。其中，食品、衣着鞋帽、医疗保健、交通通信消费品需求支出弹性均小于 1，表明家庭消费支出增加 1%，生存型消费需求将增加小于 1%。而家庭设备及日用品、居住、文教娱乐和其他消费品的需求支出弹性均大于 1，表明家庭消费支出增加 1%，享受型消费需求将增加大于 1%。对于发展型消费品，家庭消费支出增加 1%，城乡家庭对医疗保健、交通通信的消费需求增加小于 1%，而对居住、文教娱乐的消费需求增加大于 1%。

从纵向来看，对于生存型消费品，城乡家庭对消费品需求支出弹性差异不大。这是因为随着我国城乡家庭收入水平和生活质量的逐年提高，生存型消费品对城乡家庭为生活必需品，且必需品的需求支出弹性变动空间小。而对于发展型消费品，乡村家庭对医疗保健、文教娱乐、交通通信的需求支出弹性更大。这是因为医疗保健、文教娱乐、交通通信对乡村家庭为非必需品，乡村家庭迫切需要升级消费结构，追求消费质量的提高。且与城市家庭相比，乡村家庭对医疗保健、文教娱乐、交通通信的消费支出在家庭消费支出中占的比重更大。

2. 需求价格弹性

需求价格弹性指的是由于消费品价格变动率导致的消费需求变动率。由于八种类型消费品均为正常商品，八种类型消费品需求价格弹性均小于 0，其中绝对值在 0~1 之间的缺乏弹性，大于

1 的富有弹性。本章仅列出 25 个省（自治区和直辖市）食品价格同时上涨 10% 的结果，如表 4.8 所示。

表 4.8　城乡家庭对八种类型消费品的需求价格弹性

需求价格弹性	地区	食品	衣着鞋帽	家庭设备及日用品	医疗保健	居住	文教娱乐	交通通信	其他消费品
希克斯价格弹性	城市	-0.49	-0.923	-0.98	-1.21	-1.02	-0.82	-1.06	-1.003
	乡村	-0.51	-0.921	-1.07	-1.17	-1.13	-0.87	-1.02	-1.018
马歇尔价格弹性	城市	-0.79	-0.978	-1.12	-1.30	-1.20	-0.94	-1.15	-1.023
	乡村	-0.86	-0.979	-1.18	-1.27	-1.27	-0.98	-1.13	-1.032

从横向来看，八种类型消费品的希克斯和马歇尔需求价格弹性均小于 0，符合经济理论预期，且与其满足家庭需要层次有关。对于生存型消费品，其希克斯和马歇尔需求均缺乏弹性，表明食品或者衣着鞋帽价格增加 1%，城乡家庭对其的希克斯和马歇尔需求均将减少小于 1%；而对于享受型和发展型消费品，只有当城乡家庭收入提高之后才有能力购买，除文教娱乐外，其希克斯需求和马歇尔需求均富有弹性，表明家庭设备及日用品、其他消费品、医疗保健、居住、交通通信价格增加 1%，城乡家庭对其的希克斯和马歇尔需求均将减少大于 1%。

从纵向来看，八种类型消费品的希克斯价格弹性绝对值均小于马歇尔价格弹性绝对值。这是因为政府对家庭的收入补偿会使城乡家庭有能力购买，即使消费品价格上涨，城乡家庭消费需求也不会减少很多。且与城市家庭相比，除医疗保健和交通通信外，乡村家庭对其他七大类消费品的需求价格弹性绝对值均更大。这是因为与城市家庭相比，乡村家庭更迫切需要升级消费结构，追求消费质量的提高。

（四）消费需求变动

1. 希克斯需求变动

全国及城乡家庭对八种类型和三种层次消费品的希克斯需求只包括替代效应。当食品价格上涨不同幅度时，全国及城乡家庭对八种类型消费品的希克斯需求变动为：

$$\Delta \ln Q_i = \sum_{i=1}^{8} \sum_{j=1}^{8} e_{ij}^c \Delta \ln p_i \tag{4.24}$$

其中，$\Delta \ln Q_i$ 为消费品 i 的希克斯需求变动。由于食品价格变动方向与全国及城乡家庭的希克斯需求变动方向是一致的，本章仅列出 25 个省（自治区和直辖市）食品价格同时上涨 10%、20%、30%、40%、50% 和 100% 的结果，如表 4.9 所示。其中，全国家庭对八种类型消费品的希克斯需求变动幅度为城乡家庭对八种类型的希克斯需求变动幅度的算术平均。全国及城乡家庭对三种层次消费品的希克斯需求变动幅度为对应的家庭户主样本对各种类型消费品的希克斯需求变动幅度的算术平均。

表4.9 全国及城乡家庭对八种类型和三种类型消费品的希克斯需求变动幅度（单位:%）

上涨幅度	地区	食品	衣着鞋帽	家庭设备及日用品	医疗保健	居住	文教娱乐	交通通信	其他消费品	生存型消费品	享受型消费品	发展型消费品
10%	全国	-4.72	-0.88	2.00	4.18	3.34	2.31	4.34	1.80	-2.80	1.90	3.54
	城市	-4.66	-0.80	1.55	4.08	2.85	2.53	4.25	1.97	-2.73	1.76	3.43
	乡村	-4.77	-0.96	2.45	4.28	3.83	2.09	4.42	1.63	-2.87	2.04	3.66
20%	全国	-9.43	-1.83	4.03	8.47	6.65	4.53	8.64	3.56	-5.63	3.79	7.07
	城市	-9.44	-1.69	3.41	8.23	5.93	4.82	8.44	3.92	-5.57	3.67	6.86
	乡村	-9.42	-1.97	4.64	8.70	7.37	4.24	8.83	3.19	-5.70	3.92	7.29
30%	全国	-14.14	-2.81	6.06	12.85	9.94	6.65	12.90	5.31	-8.47	5.68	10.58
	城市	-14.26	-2.62	5.41	12.51	9.11	6.93	12.58	5.85	-8.44	5.63	10.28
	乡村	-14.01	-3.00	6.70	13.18	10.76	6.37	13.21	4.76	-8.51	5.73	10.88
40%	全国	-18.84	-3.81	8.09	17.29	13.23	8.73	17.15	7.05	-11.33	7.57	14.10
	城市	-19.11	-3.58	7.48	16.88	12.35	8.94	16.70	7.76	-11.35	7.62	13.72
	乡村	-18.57	-4.04	8.70	17.70	14.11	8.51	17.59	6.34	-11.31	7.52	14.48
50%	全国	-23.55	-4.84	10.12	21.78	16.54	10.78	21.39	8.80	-14.20	9.46	17.62
	城市	-23.97	-4.58	9.56	21.31	15.61	10.89	20.83	9.64	-14.28	9.60	17.16
	乡村	-23.13	-5.10	10.67	22.25	17.46	10.66	21.95	7.95	-14.12	9.31	18.08
100%	全国	-47.26	-9.95	19.99	44.26	33.45	21.20	42.75	17.54	-28.60	18.76	35.42
	城市	-48.30	-9.55	19.44	43.64	32.04	20.70	41.71	18.77	-28.93	19.11	34.52
	乡村	-46.22	-10.34	20.53	44.88	34.86	21.70	43.79	16.31	-28.28	18.42	36.31

　　从横向来看，食品价格上涨不同幅度均会使全国及城乡家庭减少对食品和衣着鞋帽的希克斯需求，从而减少对生存型消费品的希克斯需求；再者，食品价格上涨不同幅度均会使全国及城乡家庭增加对家庭设备及日用品与其他消费品的希克斯需求，从而增加对享受型消费品的希克斯需求；最后，食品价格上涨不同幅度均会使全国及城乡家庭增加对医疗保健、居住、文教娱乐以及交通通信的希克斯需求，从而增加对发展型消费品的希克斯需求。且与生存型消费品相比，食品价格上涨不同幅度使全国及城乡家庭对发展型消费品的希克斯需求变动幅度更大，对享受型消费品的希克斯需求变动幅度更小。由于 QUAIDS 模型结果的对称性，食品价格波动使全国及城乡家庭对生存型消费品希克斯需求影响的挤出效应显著，而对享受型和发展型消费品希克斯需求影响的财富效应显著，且影响程度从大到小排序为发展型消费品、生存型消费品、享受型消费品。因此，食品价格上涨有利于城乡家庭的希克斯消费结构升级，而食品价格下降不利于城乡家庭的希克斯消费结构升级。且与生存型消费品相比，食品价格波动使全国及城乡家庭对发展型消费品的希克斯需求变动幅度更大，对享受型消费品的希克斯需求变动幅度更小。

　　从纵向来看，随着食品价格上涨幅度的增加，全国及城乡家庭对三种层次消费品的希克斯需求变动的幅度也增加，且变动幅度的增加与食品价格上涨幅度增加的比例几乎一致。对于生存型消费品，与城市家庭相比，食品价格上涨10%、20%和30%均使乡村家庭对生存型消费品的希克斯需求下降得更多。但食品价格上涨40%、50%和100%均使乡村家庭对生存型消费品的希克斯需求下降得更少。对于享受型消费品，与城市家庭相比，食品价格上涨10%、20%和30%均使乡村家庭对享受型消费品的希克斯需求增加得更多。但食品价格上涨40%、50%和100%均使乡村家庭对享受型消费品的希克斯需求增加得更少。对于发展型消费品，与城市家庭相比，食品价格上涨不同幅度均使乡村家庭对发展型消费品的希克斯需求增加得更多。因此，与城市家庭相比，食品价格上涨10%、20%和30%均使乡村家庭对生存型消费品的希克斯需求下降得更多，对享受型和发展型消费品的希克斯需求增加得更多，而食品价格上涨40%、50%和100%使乡村家庭对生存型消费品的希克斯需求下降得更少，对享受型消费品的希克斯需求增加得更少，而对发展型消费品的希克斯需求增加得更多。

综上所述，食品价格上涨有利于城乡家庭的希克斯消费结构升级，且对乡村家庭的希克斯消费结构升级更有利。

2. 马歇尔需求变动

全国及城乡家庭对八种类型和三种层次消费品的马歇尔需求既包括替代效应，还包括收入效应。当食品价格上涨不同幅度时，全国及城乡家庭对八种类型消费品的马歇尔需求变动为：

$$\Delta \ln Q_i = \sum_{i=1}^{8} \sum_{j=1}^{8} e_{ij}^{u} \Delta \ln p_i \tag{4.25}$$

其中，$\Delta \ln Q_i$ 为消费品 i 的马歇尔需求变动。由于食品价格变动方向与全国及城乡家庭的马歇尔需求变动方向是一致的，本章仅列出 25 个省（自治区和直辖市）食品价格同时上涨 10%、20%、30%、40%、50% 和 100% 的结果，如表 4.10 所示。其中，全国家庭对八种类型消费品的马歇尔需求变动幅度为城乡家庭对八种类型的马歇尔需求变动幅度的算术平均。全国及城乡家庭对三种层次消费品的马歇尔需求变动幅度为对应的家庭户主样本对各种类型消费品的马歇尔需求变动幅度的算术平均。

表 4.10 全国及城乡家庭对八种类型和三种类型消费品的马歇尔需求变动幅度（单位：%）

上涨幅度	地区	食品	衣着鞋帽	家庭设备及日用品	医疗保健	居住	文教娱乐	交通通信	其他消费品	生存型消费品	享受型消费品	发展型消费品
10%	全国	-8.34	-3.47	0.59	-1.41	-2.91	0.39	-3.18	-6.58	-3.32	-0.83	
	城市	-8.01	-4.58	-3.86	0.71	-1.93	-2.26	0.57	-2.78	-6.29	-3.32	-0.73
	乡村	-8.67	-5.06	-3.09	0.48	-0.89	-3.55	0.22	-3.57	-6.86	-3.33	-0.94
20%	全国	-16.69	-9.70	-6.93	1.31	-2.86	-5.88	0.76	-6.40	-13.20	-6.67	-1.67
	城市	-16.16	-9.23	-7.37	1.52	-3.58	-4.82	1.10	-5.62	-12.70	-6.50	-1.45
	乡村	-17.23	-10.17	-6.50	1.10	-2.14	-6.94	0.42	-7.17	-13.70	-6.83	-1.89
30%	全国	-25.04	-14.62	-10.38	2.13	-4.32	-8.93	1.09	-9.63	-19.83	-10.00	-2.51
	城市	-24.38	-13.94	-10.71	2.47	-5.09	-7.60	1.59	-8.51	-19.16	-9.61	-2.16
	乡村	-25.71	-15.30	-10.05	1.79	-3.56	-10.26	0.59	-10.74	-20.51	-10.40	-2.86
40%	全国	-33.40	-19.57	-13.82	3.04	-5.78	-12.04	1.41	-12.85	-26.49	-13.34	-3.34
	城市	-32.64	-18.69	-13.95	3.56	-6.51	-10.53	2.07	-11.45	-25.67	-12.70	-2.85
	乡村	-34.16	-20.46	-13.69	2.52	-5.05	-13.55	0.74	-14.26	-27.31	-13.98	-3.83
50%	全国	-41.77	-24.54	-17.26	3.99	-7.21	-15.17	1.72	-16.08	-33.16	-16.67	-4.17
	城市	-40.93	-23.47	-17.16	4.73	-7.87	-13.55	2.56	-14.43	-32.20	-15.80	-3.53
	乡村	-42.62	-25.62	-17.35	3.25	-6.55	-16.78	0.88	-17.73	-34.12	-17.54	-4.80
全国	全国	-83.83	-49.39	-34.61	8.82	-13.89	-30.67	3.43	-32.16	-66.61	-33.38	-8.08

续表

上涨幅度	地区	食品	衣着鞋帽	家庭设备及日用品	医疗保健	居住	文教娱乐	交通通信	其他消费品	生存型消费品	享受型消费品	发展型消费品
100%	城市	-82.40	-47.41	-33.77	10.93	-14.55	-28.85	5.37	-29.93	-64.91	-31.85	-6.77
	乡村	-85.25	-51.37	-35.44	6.71	-13.23	-32.48	1.49	-34.38	-68.31	-34.91	-9.38

从横向来看，食品价格上涨不同幅度均会使全国及城乡家庭减少对食品和衣着鞋帽的马歇尔需求，从而减少对生存型消费品的马歇尔需求；再者，食品价格上涨不同幅度均会使全国及城乡家庭减少对家庭设备及日用品与其他消费品的马歇尔需求，从而减少对享受型消费品的马歇尔需求；最后，食品价格上涨不同幅度均会使全国及城乡家庭增加对医疗保健和交通通信的马歇尔需求，但减少对居住和文教娱乐的马歇尔需求，从而减少对发展型消费品的马歇尔需求。且与享受型消费品相比，食品价格上涨不同幅度使全国及城乡家庭对生存型消费品的马歇尔需求下降幅度更大，对发展型消费品的马歇尔需求下降幅度更小。由于QUAIDS 模型结果的对称性，食品价格波动使全国及城乡家庭对三种层次消费品马歇尔需求的挤出效应显著，且挤出效应从大到小排序为生存型消费品、享受型消费品、发展型消费品。因此，食品价格上涨不利于城乡家庭的马歇尔消费结构升级，而食品价格下降有利于城乡家庭的马歇尔消费结构升级。且与享受型消费品相比，食品价格波动使全国及城乡家庭对生存型消费品的马歇尔需求变动幅度更大，对发展型消费品的马歇尔需求变动幅度更小。

从纵向来看，随着食品价格上涨幅度的增加，全国及城乡家庭对三种层次消费品的马歇尔需求变动的幅度也增加，且变动幅度的增加与食品价格上涨幅度增加的比例几乎一致。对于生存型消费品，与城市家庭相比，食品价格上涨不同幅度均使乡村家庭对食品、衣着鞋帽的马歇尔需求下降得更多，从而对生存型消费品的马歇尔需求下降得更多。对于享受型消费品，与城市家庭相比，食品价格上涨不同幅度均使乡村家庭对享受型消费品的马歇尔需求下降得更多。对于发展型消费品，与城市家庭相比，食品价格上涨不同幅度均使乡村家庭对发展型消费品的马歇尔需求下降得更多。

综上所述，食品价格上涨不利于城乡家庭的马歇尔消费结构升级，且对乡村家庭的马歇尔消费结构升级更不利。

四、食品价格波动对城乡家庭福利的影响

由表4.5结果可以知道，食品价格与八种类型消费品价格之间表现为较为稳定的正向关系。本章阐述测度福利变动的等价变动和补偿变动两种方法，通过比较研究发现补偿变动更适合研究食品价格波动对城乡家庭福利的影响。为了研究食品价格波动对城乡家庭福利的影响，本章在投入产出价格模型结果基础上，利用补偿变动研究食品价格波动对城乡家庭福利的影响。补偿变动为当食品价格上涨后，为了使效用回到在消费品价格提高前初始效用水平，政府对城乡家庭补偿的货币收入。当食品价格上涨时，补偿变动大于0，福利得到恶化。反之，当食品价格下降时，补偿变动小于0，福利得到改善。补偿变动为：

$$CV = E(p^1, u^0) - E(p^1, u^1) = E(p^1, V(p^0, m)) - m \qquad (4.26)$$

对支出函数 $E(p, u)$ 进行二阶 Taylor 展开得到：

$$\Delta \ln E = \sum_{i=1}^{8} w_i \Delta \ln p_i + \frac{1}{2} \sum_{i=1}^{8} \sum_{j=1}^{8} w_i e_{ij}^c \Delta \ln p_i \Delta \ln p_j \qquad (4.27)$$

其中, $\Delta \ln E$ 为食品价格变动不同幅度后, 城乡家庭用以达到消费品价格变动前效用水平所需货币收入的补偿变动的变化幅度。

补偿变动分为两个部分。第一个部分为食品价格变动不同幅度引起八种类型消费品价格同时变动发生的直接福利损失, 由表4.2 中消费品支出份额和表4.5 中消费品价格计算得到。由于食品价格变动方向与城乡家庭直接福利损失变动方向是一致的, 本章仅列出 25 个省 (自治区和直辖市) 食品价格同时上涨 10%、20%、30%、40%、50% 和 100% 的结果, 如表 4.11 所示。

表 4.11　城乡家庭直接福利损失的变动幅度 (单位:%)

地区	10%	20%	30%	40%	50%	100%
城市	4.01	8.03	12.04	16.05	20.06	40.13
乡村	4.35	8.70	13.05	17.40	21.75	43.51

从横向来看, 当食品价格上涨 10% 时, 乡村家庭直接福利损失上涨幅度更大, 为 4.35%, 而城市家庭直接福利损失上涨幅度更小, 为 4.01%。随着食品价格上涨幅度的增加, 城乡家庭直接福利损失上涨的幅度也增加, 且城乡家庭直接福利损失上涨幅度与食品价格上涨幅度的比例几乎一致。当食品价格上涨 100% 时, 乡村家庭直接福利损失上涨幅度为 43.51%, 城市家庭直接福利

损失上涨幅度为40.13%。反之,随着食品价格下降幅度的增加,城乡家庭直接福利损失下降幅度也增加,且城乡家庭直接福利损失下降幅度的增加与食品价格下降幅度增加的比例几乎一致。因此,随着食品价格变动幅度的增加,城乡家庭直接福利损失变动幅度也增加,且城乡家庭直接福利损失与食品价格变动幅度的比例几乎一致。

从纵向来看,当食品价格上涨10%时,与城市家庭相比,乡村家庭直接福利损失多增加0.35%。随着食品价格上涨幅度的增加,与城市家庭相比,乡村家庭直接福利损失的变动幅度更大。当食品价格上涨100%时,与城市家庭相比,乡村家庭直接福利损失多增加3.38%。反之,随着食品价格下降幅度的增加,与城市家庭相比,乡村家庭直接福利损失的下降幅度更大。因此,随着食品价格变动幅度的增加,与城市家庭相比,乡村家庭直接福利损失多变动的幅度越来越大,城乡家庭之间的直接福利损失变动的地区异质性显著。

第二个部分为食品价格变动不同幅度引起八种类型消费品价格同时变动发生的间接福利损失。由于希克斯自价格弹性 e_{ij}^c($i = j$)小于0,当食品价格上涨时,间接福利损失小于0;当食品价格下降时,间接福利损失大于0。由于食品价格变动方向与城乡家庭间接福利损失变动方向是相反的,与城乡家庭补偿变动方向是一致的,本章仅列出25个省(自治区和直辖市)食品价格同时上涨10%、20%、30%、40%、50%和100%的结果,如表

4.12 所示。

表 4.12　城乡家庭间接福利损失和补偿变动的变化幅度（单位:%）

地区	上涨幅度	10%	20%	30%	40%	50%	100%
城市	补偿变动	3.93	7.70	11.29	14.72	17.98	31.73
	间接福利损失	−0.08	−0.33	−0.74	−1.33	−2.08	−8.40
乡村	补偿变动	4.26	8.35	12.26	16.01	19.58	34.83
	间接福利损失	−0.09	−0.35	−0.79	−1.39	−2.17	−8.68

从横向来看，当食品价格上涨10%时，城市家庭间接福利损失绝对值上涨幅度为0.08%，相应的补偿变动上涨幅度为3.93%，而乡村家庭间接福利损失绝对值上涨幅度为0.09%，相应的补偿变动上涨幅度为4.26%。随着食品价格上涨幅度的增加，城乡家庭间接福利损失绝对值和补偿变动的上涨幅度均会增加，从而使得城乡家庭福利的恶化程度越来越大。当食品价格上涨100%时，城市家庭间接福利损失绝对值上涨幅度为8.40%，相应的补偿变动上涨幅度为31.73%，而乡村家庭间接福利损失绝对值上涨幅度为8.68%，相应的补偿变动上涨幅度为34.83%。因此，随着食品价格变动幅度的增加，城乡家庭间接福利损失和补偿变动的变化幅度均会增加，从而使得城乡家庭福利的恶化（或改善）程度越来越大。

从纵向来看，当食品价格上涨10%时，与城市家庭相比，乡村家庭间接福利损失绝对值多增加0.01%，补偿变动多增加

0.33%。随着食品价格上涨幅度的增加，与城市相比，乡村家庭的间接福利损失绝对值多增加的幅度越来越大，补偿变动多增加的幅度也越来越大。当食品价格上涨100%时，与城市家庭相比，乡村家庭间接福利损失绝对值多增加0.28%，补偿变动多增加3.10%。因此，随着食品价格变动幅度的增加，与城市家庭相比，乡村家庭间接福利损失绝对值多增加的幅度越来越大，补偿变动多变化的幅度也越来越大，城乡家庭之间间接福利损失和补偿变动的变化存在显著的地区异质性。

五、本章小结

本章得到的主要研究结论如下：

投入产出价格模型结果表明：（1）食品价格与全国及城乡家庭购买八种类型和三种层次消费品价格之间存在着较为稳定的正向关系。其中，全国及城乡家庭购买享受型和发展型消费品价格上涨幅度较大，而全国及城乡家庭购买生存型消费品价格上涨幅度较小。（2）与城市家庭相比，食品价格变动不同幅度均使乡村家庭购买其他七大类和三种层次的消费品价格变动幅度更大，城乡家庭购买消费品价格变动的地区异质性显著。

QUAIDS 模型结果表明：（1）食品价格上涨有利于城乡家庭的希克斯消费结构升级，且对乡村家庭的希克斯消费结构升级更有利。（2）食品价格上涨不利于城乡家庭的马歇尔消费结构升级，且对乡村家庭的马歇尔消费结构升级更不利。

补偿变动结果表明：（1）随着食品价格变动幅度的增加，城乡家庭直接福利损失、间接福利损失和补偿变动的变化幅度均会增加，从而使得城乡家庭福利的恶化（或改善）程度越来越大。（2）随着食品价格变动幅度的增加，与城市家庭相比，乡村家庭间接福利损失绝对值多增加的幅度越来越大，直接福利损失和补偿变动多变化的幅度也越来越大，城乡家庭之间直接福利损失、间接福利损失和补偿变动的变化存在显著的地区异质性。

第五章

食品价格波动对家庭消费的行业异质性影响研究[*]

食品行业在国民经济处于基层的地位，与国民经济中各个行业均联系紧密。因此，食品价格波动将会影响社会经济生活的方方面面，从而对家庭消费产生影响。由于食品价格波动会对家庭消费产生影响，食品价格波动时时刻刻吸引着公众的目光，尤其是食品价格的大幅上涨。在过去 10 年间，我国食品价格有三次比较大的涨幅，分别是 2004 年上涨 14%，2007 年上涨 12.3%，2008 年上涨 21.1%。本章深入研究食品价格波动对家庭消费的行业异质性影响，不仅可以加深我们对食品价格波动如何影响家庭消费问题的理解，还可以对消费理论在我国食品市场适用性进行实证研究。加强食品价格波动影响户主从事不同行业家庭消费的研究可以帮助政府做出调控和出台相关政策，也对提高人民生活质量、稳定国民经济的快速发展具有重要的意义。

---

* 本章主要内容由王勇、温必嫣撰写，并投稿于《中国人口资源与环境》。论文题目为"食品价格波动对家庭消费的行业异质性影响研究"。

一、户主从事不同行业家庭消费特征

CFPS2014 数据中的样本家庭所在地区覆盖除西藏自治区和青海省外的 29 个省（直辖市和自治区）。由于海南省只有 3 个样本家庭，内蒙古自治区只有 6 个样本家庭，宁夏回族自治区只有 2 个，新疆维吾尔自治区只有 5 个样本家庭，本章删除海南省、内蒙古自治区、宁夏回族自治区以及新疆维吾尔自治区 4 个省（直辖市和自治区）的样本家庭。2014 年的 CFPS 追访调查数据共有 13946 户样本家庭。根据研究需要，在处理数据时我们将至少四大类消费品支出同时为零的样本进行剔除，并且将样本的缺失值进行了剔除，最后剩余 4758 个样本。

参考《国民经济行业分类》中对行业的分类方法，本章将家庭户主所从事的行业划分为三大产业，分别为第一产业、第二产业和第三产业，如表 5.1 所示。

表 5.1　家庭户主所从事的行业划分

三大产业	行业
第一产业	农、林、牧、渔业
第二产业	采矿业 制造业 电力、燃气及水的生产和供应业 建筑业
第三产业	交通运输、仓储和邮政业 信息传输、计算机服务和软件业 批发和零售业 住宿和餐饮业 金融业 房地产业 租赁和商务服务业 科学研究、技术服务和地质勘查业 水利、环境和公共设施管理业 居民服务和其他服务业 教育 卫生、社会保障和社会福利业 文化、体育和娱乐业 公共管理和社会组织 国际组织

基于以上信息，本章处理得到 2014 年的户主从事不同行业家庭的消费特征，如表 5.2 所示。

表 5.2 2014 年户主从事不同行业家庭消费特征

指标	全部产业	第一产业	第二产业	第三产业
有效样本家庭数（户）	4758	79	1890	2789
消费支出（元）	62374.10	50928.96	54168.55	68258.89
食品（%）	41.29	40.20	42.74	40.34
衣着鞋帽（%）	6.55	6.21	6.67	6.48
家庭设备及日用品（%）	10.53	8.43	10.61	10.54
医疗保健（%）	7.37	10.94	7.29	7.32
居住（%）	13.32	15.43	12.51	13.81
文教娱乐（%）	9.41	7.88	9.06	9.68
交通通信（%）	9.79	9.33	9.50	10.00
其他消费品（%）	1.74	1.58	1.60	2.40
生存型消费品（%）	48	46	49	47
享受型消费品（%）	12	10	12	13
发展型消费品（%）	40	44	38	41

从表 5.2 可以看出，本章所采用的 CFPS2014 数据共有 4758 户有效家庭户主样本，其中 79 户家庭户主所从事的行业为第一产业，1890 户家庭户主所从事的行业为第二产业，2789 户家庭户主所从事的行业为第三产业。对于家庭消费支出，户主所从事行业为第一产业家庭消费支出比全部家庭平均水平少 11445.14 元，户主所从事行业为第二产业家庭消费支出比全部家庭平均水平少

8205.55元，户主所从事行业为第三产业家庭消费支出比全部家庭平均水平多5884.79元。对于家庭消费结构，全部家庭对生存型消费品、享受型与发展型消费品支出份额比重为48：12：40，消费结构升级仍存在很大空间。其中，户主所从事行业为第一产业家庭对生存型消费品、享受型与发展型消费品支出份额比重为46：10：44，户主所从事行业为第二产业家庭对生存型消费品、享受型与发展型消费品支出份额比重为49：12：38，户主所从事行业为第三产业家庭对生存型消费品、享受型与发展型消费品支出份额比重为47：13：41。因此，与户主所从事行业为第一、三产业家庭相比，户主所从事行业为第二产业家庭的消费结构更不合理。

二、基于投入产出价格模型的消费品价格计算

我们需要各种类型消费品价格数据对需求系统模型进行估计。国内学者大多利用消费品价格指数表示不同种类消费品的价格。陈晓毅（2014）[15]使用居民消费品价格指数以及各种类型消费品价格平均波动来得到不同种类消费品的价格进行分析。乔红芳和魏世勇（2014）[41]采用福建省城乡家庭人均消费品支出以及各种类型消费品价格指数，构建 LA – AIDS 模型进行分析。但是这些研究均没有考虑各种类型消费品价格变动的传递效应。而投入产出价格模型可以对一个部门价格变动对其他部门价格的直接和间接影响进行研究。本章构建投入产出价格模型分别研究食品

价格变动不同幅度对 25 个省（直辖市和自治区）家庭购买八种类型消费品价格的影响。

（一）消费结构与部门对应表

参考《中国 2012 年投入产出表编制方法》、《家庭消费支出分类（2013）》与《中国家庭追踪调查技术报告系列：CFPS - 15》，本章重新编制 25 个省（直辖市和自治区）2012 年 42 个部门地区投入产出表，得到 8 个部门地区投入产出表。本章利用直接消耗系数估计投入产出价格模型，以分别研究食品价格变动不同幅度对 25 个省（直辖市和自治区）家庭购买八种类型消费品价格的影响。

（二）投入产出价格模型

参考王勇（2017）[44]，投入产出价格模型为：

$$\begin{cases} \Delta \bar{y}^{(1)} = H_{11}^{-1} \Delta p^{(1)} = (\bar{B}_{11}^{-1})' \Delta p^{(1)} \\ \Delta p^{(2)} = H_{21} H_{11}^{-1} \Delta p^{(1)} = \bar{B}_{12}' (\bar{B}_{11}^{-1})' \Delta p^{(1)} \end{cases} \tag{5.1}$$

其中，$p^{(1)}$ 为食品价格变动幅度，分别为 10%、20%、30%、40%、50% 和 100%；$p^{(2)}$ 为八种类型消费品价格变动幅度；$\bar{y}^{(1)}$ 为食品增加值结构系数；B 为完全需要系数。本章利用重新编制的 25 个省（自治区和直辖市）2012 年 8 个部门投入产出表，构建投入产出价格模型研究得到食品价格变动不同幅度对 25 个省（自治区和直辖市）家庭购买八种类型和三种层次消费品价格的影响，结果如表 5.3 所示。其中，25 个省（自治区和直辖市）家庭购买的三种层次消费品价格变动幅度为对应的家庭户主样本对各种类型消费品价格变动幅度的算术平均。表 5.3 仅列出 25 个省（自治区和直辖市）食品价格同时上涨 10% 的模型结果。由于投入产出价格模型的结果具有对称性，食品价格不同幅度的下降会使得 25 个省（自治区和直辖市）家庭购买的八种类型和三种层次消费品价格出现相同比例的下降，结果可以直接计算出。数据处理和分析软件为 Matlab R2016b。

表 5.3　25 个省（自治区和直辖市）家庭购买的八种类型和

三种层次消费品价格变动幅度（单位:%）

地区	食品	衣着鞋帽	家庭设备及日用品	医疗保健	居住	文教娱乐	交通通信	其他消费品	生存型消费品	享受型消费品	发展型消费品
北京	10	0.62	0.28	0.45	0.25	0.27	0.25	0.53	0.62	0.28	0.45
天津	10	1.26	0.33	0.43	0.24	0.34	0.25	0.66	1.26	0.33	0.43
河北	10	3.10	0.16	0.49	0.15	0.19	0.13	0.51	3.10	0.16	0.49
辽宁	10	2.23	0.73	0.76	0.70	0.81	0.72	1.29	2.23	0.73	0.76
上海	10	0.63	0.69	0.75	0.97	1.08	0.73	1.11	0.63	0.69	0.75
江苏	10	1.53	0.39	0.77	0.37	0.45	0.31	0.52	1.53	0.39	0.77
浙江	10	0.87	0.38	0.44	0.32	0.57	0.23	0.44	0.87	0.38	0.44
福建	10	0.95	0.62	0.66	0.49	0.83	0.43	1.04	0.95	0.62	0.66
山东	10	3.03	0.66	0.62	0.38	0.68	0.37	0.49	3.03	0.66	0.62
广东	10	1.00	0.59	0.70	0.55	0.68	0.44	1.25	1.00	0.59	0.70
吉林	10	2.50	0.81	0.83	0.60	0.49	0.43	1.11	2.50	0.81	0.83
黑龙江	10	1.29	0.70	0.47	0.24	0.18	0.21	0.53	1.29	0.70	0.47
江西	10	2.10	0.58	0.94	0.40	0.59	0.33	0.84	2.10	0.58	0.94
安徽	10	2.79	0.52	0.52	0.33	0.45	0.59	0.83	2.79	0.52	0.52

续表

地区	食品	衣着鞋帽	家庭设备及日用品	医疗保健	居住	文教娱乐	交通通信	其他消费品	生存型消费品	享受型消费品	发展型消费品
山西	10	3.79	0.23	0.46	0.22	0.38	0.20	0.65	3.79	0.23	0.46
河南	10	3.79	0.83	0.92	0.73	0.94	0.73	1.59	3.79	0.83	0.92
湖北	10	2.18	0.62	0.78	0.42	0.26	0.33	0.61	2.18	0.62	0.78
湖南	10	2.45	0.54	0.44	0.43	0.46	0.24	0.73	2.45	0.54	0.44
四川	10	2.87	0.66	0.83	0.49	0.90	0.52	1.26	2.87	0.66	0.83
贵州	10	0.96	0.44	1.08	0.36	0.33	0.39	0.63	0.96	0.44	1.08
云南	10	2.60	0.43	0.82	0.42	0.38	0.83	2.60	2.60	0.43	0.82
陕西	10	3.36	0.24	0.52	0.19	0.29	0.24	0.63	3.36	0.24	0.52
甘肃	10	3.01	0.37	0.76	0.33	0.46	0.33	1.07	3.01	0.37	0.76
重庆	10	1.54	0.26	0.50	0.18	0.26	0.18	0.49	1.54	0.26	0.50
广西	10	3.01	0.56	0.68	0.37	0.67	0.36	0.79	3.01	0.56	0.68

（三）消费品价格变动

为了研究食品价格变动不同幅度对户主从事不同行业家庭消费品价格的影响，本章通过算术平均将 25 个省（自治区和直辖市）购买的八种类型和三种层次消费品价格变动幅度转换为户主从事不同行业家庭购买的八种类型和三种层次消费品价格变动幅度，如表 5.4 所示。其中，户主从事不同行业家庭购买八种类型消费品价格变动幅度为对应的家庭户主样本购买八种类型消费品价格变动幅度的算术平均。户主从事不同行业家庭购买三种层次消费品价格变动幅度为对应的家庭户主样本购买各种类型消费品价格变动幅度的算术平均。

表 5.4　户主从事不同行业家庭购买的八种类型和

三种层次消费品价格变动幅度（单位:%）

户主行业	食品	衣着鞋帽	家庭设备及日用品	医疗保健	居住	文教娱乐	交通通信	其他消费品	生存型消费品	享受型消费品	发展型消费品
全部	10	2.17	0.57	0.70	0.50	0.63	0.46	0.98	6.09	0.77	0.57
第一	10	2.40	0.59	0.72	0.50	0.65	0.45	0.99	6.20	0.79	0.58
第二	10	2.16	0.55	0.69	0.49	0.62	0.44	0.95	6.08	0.75	0.56
第三	10	2.17	0.57	0.70	0.52	0.64	0.46	0.99	6.085	0.78	0.58

当食品价格上涨 10% 时，八种类型和三种层次消费品价格均出现上涨。且其他七种类型消费品的消费品价格上涨幅度从大到小排序为：衣着鞋帽（2.17%）、其他消费品（0.98%）、医疗保健（0.70%）、文教娱乐（0.63%）、家庭设备及日用品（0.57%）、居住（0.50%）、交通通信（0.46%）。三种层次消费品价格上涨幅度从大到小排序为：生存型消费品（6.09%）、享受型消费品（0.77%）、发展型消费品（0.57%）。因此，食品价格上涨会使八种类型和三种层次消费品价格上涨。其中，与享受型消费品（家庭设备及日用品和其他消费品）相比，生存型消费品（食品和衣着鞋帽）价格上涨幅度更大，而发展型消费品（医疗保健、居住、文教娱乐、交通通信）价格上涨幅度更小。这很可能是因为食品价格上涨会带动所有消费品价格上涨。与享受型消费品相比，生存型消费品与食品市场联系更紧密，而发展型消

费品与食品市场系不大。

然后，比较研究户主所从事不同行业家庭的消费品价格变动情况。与户主所从事行业为第二产业家庭相比，户主从事第一、三产业家庭购买的八种类型和三种层次消费品价格上涨幅度均更大。因此，食品价格上涨不同幅度会使户主所从事行业为第二产业家庭购买的八种类型和三种层次消费品价格上涨幅度最小。这很可能是因为户主所从事行业为第二产业家庭对消费品价格更敏感。

三、食品价格波动对家庭消费结构的行业异质性影响

（一）QUAIDS 模型

本章加入反映家庭户主所从事的行业虚拟变量 Z_k（$k = 1$，2，3）到 QUAIDS 模型中。当家庭户主所从事的行业为第一产业时，$Z_1 = 1$，否则 $Z_1 = 0$。当家庭户主所从事的行业为第二产业时，$Z_2 = 1$，否则 $Z_2 = 0$。当家庭户主所从事的行业为第三产业时，$Z_3 = 1$，否则 $Z_3 = 0$。参考赵昕东和汪勇（2013）[14]，QUAIDS 模型为：

$$w_i = \alpha_t + \sum_{j=1}^{8} \gamma_{ij} \ln p_j + (\beta_i + \eta'_i Z) \ln\left[\frac{m}{\overline{m}_o\ (z)\ a\ (p)}\right]$$

$$+ \frac{\lambda_i}{b\ (p)\ c\ (p,z)} \left\{ \ln\left[\frac{m}{\overline{m}_o\ (z)\ a\ (p)}\right] \right\}^2 + \mu_i \qquad (5.2)$$

其中，w_i 为消费品 i 支出份额，消费品种类 $i = 1$，…，8，消费品种类 $j = 1$，…，8；α_i、β_i、γ_{ij}、λ_i、η_{2i} 和 ρ_2 均为待估参数；

p 为消费品价格的向量，为表 5.3 中的结果；人口特征变量 z 反映家庭户主所从事的行业差异，维度为 3，相应地 η_{2i} 和 η_{3i} 分别为 3×8 矩阵 η 的第 2 列和第 3 列；m 为家庭消费支出；$\overline{m}_o(z) = 1 + \rho'_2 z$；$\rho_2$ 和 ρ_3 为待估参数；$a(p)$ 为综合价格指数；$b(p)$ 为柯布道格拉斯价格集合指数；$c(p, z) = \prod_{j=1}^{8} p_j^{n'z} = 1$；为随机干扰项。

我们将 w_i 分别对 $\ln m$ 和 $\ln p_j$ 求偏导得到：

$$\mu_i = \frac{\partial w_i}{\partial \ln m} = \beta_i + \eta'_i Z + \frac{2\lambda_i}{b(p)\, c(p, z)} \ln\left[\frac{m}{\overline{m}_o(z)\, a(p)}\right]$$

$$(5.3)$$

$$u_{ij} = \frac{\partial w_i}{\partial \ln p_j} = \gamma_{ij} - w_i(e_i - 1)\left(\alpha_j = \sum_{j=1}^{8} \gamma_{ij} \ln p_j\right) -$$

$$\frac{(\beta_i + \eta'_i z)\, \lambda_i}{b(p)\, c(p, z)} \left\{ \ln\left[\frac{m}{\overline{m}_o(z)\, a(p)}\right] \right\}$$

$$(5.4)$$

（二）参数估计

本章运用 INSUR 方法估计参数。本章仅列出 25 个省（直辖市和自治区）食品价格同时上涨 10% 的结果，如表 5.5 所示。

表 5.5 QUAIDS 模型参数估计结果

参数	系数	z值	参数	系数	z值	参数	系数	z值
α_1	0.439 * * *	18.55	γ_{42}	0.010 * * *	3.42	λ_1	− 0.045 * * *	− 8.63
α_2	0.109 * * *	13.48	γ_{52}	− 0.005	− 1.32	λ_2	− 0.000	− 0.06
α_3	0.141 * * *	6.97	γ_{62}	0.002	0.87	λ_3	0.039 * * *	10.53
α_4	0.144 * * *	7.14	γ_{72}	− 0.005 * * *	− 2.61	λ_4	− 0.001	− 0.32
α_5	0.085 * * *	3.87	γ_{82}	0.001	1.06	λ_5	0.029 * * *	8.33
α_6	0.009	0.39	γ_{33}	− 0.042 * * *	− 3.67	λ_6	− 0.018 * *	− 6.93
α_7	0.051 * * *	4.06	γ_{43}	0.017 * * *	2.75	λ_7	− 0.005 * * *	− 3.11
α_8	0.021 * * *	3.81	γ_{53}	− 0.005	− 0.55	λ_8	0.00	0.72
β_1	0.138 * * *	7.92	γ_{63}	0.022 * * *	2.85	η_{21}	− 0.037 * * *	− 3.85
β_2	− 0.007	− 1.43	γ_{73}	− 0.002 *	− 0.38	η_{22}	− 0.002	− 0.97
β_3	− 0.140 * * *	− 8.99	γ_{83}	− 0.003	− 1.57	η_{23}	0.030 * * *	4.39
β_4	0.011	1.07	γ_{44}	0.032 * * *	3.09	η_{24}	− 0.007 * *	− 2.05
β_5	− 0.096 * * *	− 6.61	γ_{54}	− 0.005	− 0.57	η_{25}	0.010 *	1.8
β_6	0.084 * * *	5.93	γ_{64}	− 0.007	− 1.15	η_{26}	0.008 * *	2.02
β_7	0.012 *	1.78	γ_{74}	− 0.014 * *	− 2.38	η_{27}	− 0.004	− 1.72
β_8	− 0.002	− 0.59	γ_{84}	0.001	0.48	η_{28}	0.001	0.66
γ_{11}	0.003	0.21	γ_{55}	− 0.046 * * *	− 3.01	η_{31}	− 0.039 * * *	− 4.11
γ_{21}	− 0.010 * * *	− 3.58	γ_{65}	0.024 * * *	2.6	η_{32}	− 0.002	− 0.91
γ_{31}	0.009	0.86	γ_{75}	− 0.002	− 0.34	η_{33}	0.027 * *	4.18
γ_{41}	− 0.039 * * *	− 4.52	γ_{85}	0.007 * *	2.12	η_{34}	− 0.007 * *	− 2.28
γ_{51}	0.033 * * *	3.3	γ_{66}	− 0.027 * * *	− 3.08	η_{35}	0.012 * *	2.07
γ_{61}	− 0.018 * *	− 2.28	γ_{76}	0.005	1.01	η_{36}	0.009 *	2.38
γ_{71}	0.020 * * *	4.09	γ_{86}	− 0.001	− 0.63	η_{37}	− 0.002	− 0.82
γ_{81}	− 0.002	− 0.98	γ_{77}	0.002 * * *	0.31	η_{38}	0.001	1.53
γ_{22}	0.004 * * *	2.66	γ_{87}	− 0.004	− 1.6	ρ_2	5.047 * *	3.08
γ_{32}	0.003	1.3	γ_{88}	0.001	0.43	ρ_3	5.603 * * *	3.27

注: * * *、* *和*分别表示在 1%、5%和 10%的水平上显著。

从表5.5可以看出，78个回归参数中有47个（60.26%）参数估计值在10%的显著性水平上显著。这是因为本章对户主从事不同行业家庭的有效样本选择会产生样本选择性偏误问题，从而导致回归参数不显著。其次，在消费支出二次项系数全为0的原假设下，Wald检验结果中的$\chi^2(7)$值为141.15，其统计显著性水平小于1%，拒绝原假设。由此本章更适合构建消费支出二次项系数不全为零的QUAIDS模型研究食品价格波动对家庭消费的行业异质性影响。最后，在家庭户主所从事行业为第二产业虚拟变量系数$\eta_{2i}(i=1,\cdots,8)$全为0的原假设下，Wald检验结果中的$\chi^2(8)$值为37.03，其统计显著性水平小于1%，拒绝原假设。在家庭户主所从事行业为第三产业虚拟变量系数$\eta_{3i}(i=1,\cdots,8)$全为零的原假设下，Wald检验结果中的$\chi^2(8)$值为36.56，其统计显著性水平小于1%，拒绝原假设。因此，家庭消费变动的行业异质性显著。

（三）需求价格弹性

需求价格弹性衡量八种类型消费品价格变动率导致消费品需求的变动率。因为八种类型消费品均不为吉芬商品，所以八种类型消费品的需求价格弹性均小于0，其中绝对值在0~1的缺乏弹性，大于1的富有弹性。表5.6仅列出25个省（直辖市和自治区）食品价格同时上涨10%的结果。

表5.6　户主从事不同行业家庭对八种类型和三种层次消费品的需求价格弹性

需求价格弹性	行业	食品	衣着	家庭设备及日用品	医疗保健	居住	文教娱乐	交通通信	其他消费品
希克斯价格弹性	第一	-0.40	-0.87	-0.72	-0.59	-0.94	-1.06	-0.88	-0.93
	第二	-0.51	-0.87	-1.10	-0.48	-1.16	-1.08	-0.88	-0.93
	第三	-0.52	-0.87	-1.09	-0.49	-1.11	-1.06	-0.88	-0.93
马歇尔价格弹性	第一	-0.69	-0.92	-0.89	-0.71	-1.17	-1.12	-0.96	-0.94
	第二	-0.86	-0.93	-1.25	-0.56	-1.31	-1.19	-0.97	-0.94
	第三	-0.84	-0.93	-1.24	-0.56	-1.28	-1.17	-0.97	-0.95

　　从横向来看，八种类型消费品希克斯和马歇尔价格弹性均小于0，符合经济学理论的预期。消费品的需求价格弹性与其必要程度有关。对于食品、衣着、医疗保健、交通通信以及其他消费品，即使价格上涨，家庭消费需求也不会减少，其需求缺乏弹性。而对于家庭设备及日用品、居住和文教娱乐，由于家庭追求高档产品和居住条件，相应消费品价格上涨会使家庭消费需求减少很多，其需求富有弹性。

　　从纵向来看，八种类型消费品的马歇尔价格弹性绝对值均比希克斯价格弹性绝对值要大。这是因为当消费品价格上涨时，政府一般会采取补偿激励措施使家庭有能力购买，从而家庭消费需求不会减少很多。而且与户主所从事行业为第一产业家庭相比，除医疗保健外，户主从事第二、三产业家庭对八种类型消费品的希克斯和马歇尔价格弹性绝对值均更大。这是因为户主所从事行业为第一产业家庭收入更低，家庭条件较差，从而对消费品的需求价格弹性较小。

(四) 消费需求变动

1. 希克斯需求变动

由式 (5.3) 可以得到需求支出弹性为:

$$e_i = 1 + \frac{\mu_i}{w_i} \tag{5.5}$$

通过斯勒茨基 (Slutsky) 方程得到希克斯价格弹性为:

$$e_{ij}^c = \frac{\mu_{ij}}{w_i} - \delta_{ij} + e_i w_j \tag{5.6}$$

其中, 当 $\delta_{ij} = 1$ 时, e_{ij}^c 为希克斯自价格弹性; 当 $\delta_{ij} = 0$ 时, e_{ij}^c 为希克斯交叉价格弹性。

当食品价格变动不同幅度时, 户主从事不同行业家庭对八种类型和三种层次消费品的希克斯需求变动为:

$$\Delta \ln Q_i = \sum_{i=1}^{8} \sum_{j=1}^{8} e_{ij}^u \Delta \ln p_i \tag{5.7}$$

其中, $\Delta \ln Q_i$ 为消费品 i 的希克斯需求变动。由于 QUAIDS 模型结果的对称性, 表 5.7 仅列出食品价格上涨 10%、20%、30%、40%、50% 和 100% 的结果。其中, 全部家庭对八种类型消费品的希克斯需求变动幅度为户主从事不同行业家庭对八种类型的希克斯需求变动幅度的算术平均。全部及户主从事不同行业家庭对三种层次消费品的希克斯需求变动幅度为对应的家庭户主样本对各种类型消费品的希克斯需求变动幅度的算术平均。

表5.7　全部及户主从事不同行业家庭对八种类型和三种层次消费品的希克斯需求变动幅度（单位：%）

上涨幅度	户主行业	食品	衣着鞋帽	家庭设备及日用品	医疗保健	居住	文教娱乐	交通通信	其他消费品	生存型消费品	享受型消费品	发展型消费品
10%	全部	-4.47	0.99	1.23	0.26	4.50	3.82	6.39	2.33	-1.74	1.78	3.74
	第一	-3.73	0.74	-2.30	1.13	2.95	5.23	6.72	2.00	-1.50	-0.15	4.01
	第二	-4.79	1.23	3.22	-0.08	5.53	3.21	6.38	2.55	-1.78	2.89	3.76
	第三	-4.90	1.00	2.77	-0.28	5.03	3.03	6.07	2.43	-1.95	2.60	3.46
20%	全部	-9.29	1.98	3.93	0.41	9.63	6.90	12.62	4.73	-3.66	4.33	7.39
	第一	-8.54	1.45	-0.19	2.13	7.78	8.24	12.96	4.21	-3.54	2.01	7.78
	第二	-9.57	2.49	6.45	-0.25	11.04	6.40	12.77	5.12	-3.54	5.78	7.49
	第三	-9.78	2.01	5.52	-0.66	10.06	6.06	12.15	4.87	-3.88	5.20	6.90
30%	全部	-14.15	2.99	6.86	0.48	14.82	9.88	18.84	7.18	-5.58	7.02	11.00
	第一	-13.53	2.21	2.76	3.06	12.89	10.87	19.12	6.54	-5.66	4.65	11.49
	第二	-14.31	3.74	9.61	-0.50	16.52	9.64	19.16	7.69	-5.29	8.65	11.21
	第三	-14.62	3.02	8.22	-1.12	15.05	9.13	18.23	7.31	-5.80	7.76	10.32
40%	全部	-19.01	4.00	9.86	0.50	20.02	12.83	25.05	9.64	-7.51	9.75	14.60
	第一	-18.57	2.98	6.01	3.94	18.09	13.38	25.26	8.90	-7.80	7.46	15.17
	第二	-19.03	4.99	12.71	-0.81	21.97	12.90	25.57	10.26	-7.02	11.49	14.91
	第三	-19.44	4.03	10.86	-1.63	20.00	12.22	24.31	9.74	-7.70	10.30	13.73

续表

上涨幅度	户主行业	食品	衣着鞋帽	家庭设备及日用品	医疗保健	居住	文教娱乐	交通通信	其他消费品	生存型消费品	享受型消费品	发展型消费品
50%	全部	-23.86	5.02	12.86	0.48	25.20	15.80	31.26	12.10	-9.42	12.48	18.18
	第一	-23.62	3.76	9.33	4.76	23.29	15.89	31.39	11.29	-9.93	10.31	18.83
	第二	-23.73	6.24	15.77	-1.16	27.39	16.18	31.98	12.84	-8.74	14.31	18.60
	第三	-24.23	5.04	13.46	-2.17	24.92	15.33	30.40	12.17	-9.59	12.82	17.12
100%	全部	-47.77	10.14	27.16	-0.02	50.57	31.03	62.39	24.42	-18.81	25.79	35.99
	第一	-48.38	7.83	24.91	8.36	48.42	29.18	62.27	23.28	-20.28	24.10	37.06
	第二	-47.01	12.52	30.62	-3.24	54.14	32.79	64.09	25.75	-17.24	28.18	36.94
	第三	-47.95	10.09	25.98	-5.19	49.16	31.14	60.84	24.24	-18.93	25.11	33.99

从横向来看，由于食品为生存型消费品，食品价格上涨不同幅度均会使全部及户主从事不同行业家庭减少对生存型消费品的希克斯需求；再者，食品价格上涨不同幅度均会使全部及户主从事不同行业家庭增加对家庭设备及日用品与其他消费品的希克斯需求，从而增加对享受型消费品的希克斯需求；最后，食品价格上涨不同幅度均会使全部及户主从事不同行业家庭增加对医疗保健、居住、文教娱乐以及交通通信的希克斯需求，从而增加对发展型消费品的希克斯需求。且与享受型消费品相比，食品价格上涨不同幅度大多使全部及户主从事不同行业家庭对发展型消费品的希克斯需求变动幅度更大，对生存型消费品的希克斯需求变动幅度更小。由于 QUAIDS 模型结果的对称性，食品价格波动使全部及户主从事不同行业家庭对生存型消费品希克斯需求影响的挤出效应显著，而对享受型和发展型消费品希克斯需求影响的财富效应显著，且影响程度从大到小排序大多为发展型消费品、享受型消费品、生存型消费品。因此，食品价格上涨有利于户主从事不同行业家庭的希克斯消费结构升级，而食品价格下降不利于户主从事不同行业家庭的希克斯消费结构升级。且与享受型消费品相比，食品价格波动大多使全部及户主从事不同行业家庭对发展型消费品的希克斯需求变动幅度更大，对生存型消费品的希克斯需求变动幅度更小。

从纵向来看，随着食品价格上涨幅度的增加，全部及户主从事不同行业家庭对三种层次消费品的希克斯需求变动的幅度也增加，且变动幅度的增加与食品价格上涨幅度增加的比例几乎一致。对于生存型消费品，与户主从事第一、二产业家庭相比，食品价格上涨10%、20%和30%均使户主从事第三产业家庭对生存型消费品的希克斯需求下降得更多。但与户主从事第三产业家庭相比，食品价格上涨40%、50%和100%均使户主从事第一产业家庭对生存型消费品的希克斯需求下降得更多，而使户主从事第二产业家庭对生存型消费品的希克斯需求下降得更少。对于享受型消费品，与户主从事第三产业家庭相比，食品价格上涨不同幅度均使户主从事第一产业家庭对享受型消费品的希克斯需求增加得更少，而使户主从事第二产业家庭对享受型消费品的希克斯需求增加得更多。对于发展型消费品，与户主从事第二产业家庭相比，食品价格上涨不同幅度均使户主从事第一产业家庭对发展型消费品的希克斯需求增加得更多，而使户主从事第三产业家庭对发展型消费品的希克斯需求增加得更少。

综上所述，食品价格上涨有利于户主从事不同行业家庭的希克斯消费结构升级，且对户主从事第一产业家庭的希克斯消费结构升级最有利。

2. 马歇尔需求变动

由式（5.4）可以得到马歇尔价格弹性为：

$$e_{ij}^{u} = \frac{\mu_{ij}}{w_i} - \delta_{ij} \tag{5.8}$$

其中，δ_{ij} 为克罗内克乘数（Kronecker Product），即当 $i = j$ 时，

$\delta_{ij} = 1$，否则 $\delta_{ij} = 0$。

当食品价格变动不同幅度时，户主从事不同行业家庭对八种类型和三种层次消费品的马歇尔需求变动为：

$$\Delta \ln Q_i = \sum_{i=1}^{8} \sum_{j=1}^{8} e_{ij}^u \Delta \ln p_i \tag{5.9}$$

其中，$\Delta \ln Q_i$ 为消费品 i 的马歇尔需求变动。由于 QUAIDS 模型结果的对称性，表5.8列出食品价格上涨10%、20%、30%、40%、50%和100%的结果。其中，全部家庭对八种类型消费品的马歇尔需求变动幅度为户主从事不同行业家庭对八种类型的马歇尔需求变动幅度的算术平均。全部及户主从事不同行业家庭对三种层次消费品的马歇尔需求变动幅度为对应的家庭户主样本对各种类型消费品的马歇尔需求变动幅度的算术平均。

表5.8　全部及户主从事不同行业家庭对八种类型和三种层次消费品的马歇尔需求变动幅度（单位:%）

上涨幅度	户主行业	食品	衣着鞋帽	家庭设备及日用品	医疗保健	居住	文教娱乐	交通通信	其他消费品	生存型消费品	享受型消费品	发展型消费品
10%	全部	-7.99	-2.96	-6.04	-4.42	-1.50	-1.07	2.34	-2.49	-5.48	-4.27	-1.16
	第一	-6.90	-3.20	-10.99	-3.63	-3.56	1.73	2.88	-2.72	-5.05	-6.85	-0.65
	第二	-8.65	-2.83	-3.39	-4.85	-0.30	-2.59	2.17	-2.35	-5.74	-2.87	-1.39
	第三	-8.41	-2.87	-3.74	-4.79	-0.65	-2.33	1.97	-2.42	-5.64	-3.08	-1.45
20%	全部	-16.43	-5.87	-10.02	-8.99	-2.17	-3.28	4.49	-4.87	-11.15	-7.45	-2.49
	第一	-15.21	-6.27	-15.80	-7.53	-4.61	-0.02	5.16	-5.13	-10.74	-10.46	-1.75
	第二	-17.29	-5.63	-6.78	-9.78	-0.60	-5.18	4.36	-4.67	-11.46	-5.72	-2.80
	第三	-16.80	-5.72	-7.49	-9.66	-1.30	-4.64	3.95	-4.82	-11.26	-6.15	-2.92
30%	全部	-24.96	-8.72	-13.54	-13.66	-2.72	-5.72	6.61	-7.17	-16.84	-10.35	-3.87
	第一	-23.81	-9.18	-19.07	-11.58	-5.21	-2.56	7.32	-7.32	-16.49	-13.20	-3.01
	第二	-25.91	-8.42	-10.24	-14.80	-0.93	-7.72	6.56	-6.97	-17.17	-8.60	-4.22
	第三	-25.17	-8.57	-11.31	-14.61	-2.01	-6.90	5.93	-7.23	-16.87	-9.27	-4.40
40%	全部	-33.51	-11.55	-16.85	-18.41	-3.23	-8.27	8.71	-9.44	-22.53	-13.14	-5.30
	第一	-32.53	-12.00	-21.61	-15.76	-5.65	-5.46	9.45	-9.40	-22.26	-15.51	-4.36
	第二	-34.51	-11.22	-13.75	-19.88	-1.29	-10.23	8.78	-9.25	-22.86	-11.50	-5.65
	第三	-33.50	-11.42	-15.18	-19.60	-2.75	-9.12	7.91	-9.65	-22.46	-12.42	-5.89

续表

上涨幅度	户主行业	食品	衣着鞋帽	家庭设备及日用品	医疗保健	居住	文教娱乐	交通通信	其他消费品	生存型消费品	享受型消费品	发展型消费品
50%	全部	-42.06	-14.34	-20.06	-23.22	-3.75	-10.86	10.83	-11.67	-28.20	-15.87	-6.75
	第一	-41.30	-14.74	-23.77	-20.05	-6.05	-8.55	11.56	-11.41	-28.02	-17.59	-5.77
	第二	-43.08	-14.01	-17.31	-25.00	-1.67	-12.73	11.02	-11.53	-28.55	-14.42	-7.10
	第三	-41.81	-14.29	-19.11	-24.62	-3.52	-11.31	9.90	-12.08	-28.05	-15.60	-7.39
100%	全部	-84.53	-28.01	-36.11	-47.92	-6.97	-23.67	21.50	-22.62	-56.27	-29.37	-14.27
	第一	-84.77	-27.55	-33.49	-42.77	-9.26	-23.97	22.42	-20.72	-56.16	-27.11	-13.40
	第二	-85.77	-27.82	-35.53	-51.08	-3.81	-25.26	22.32	-22.74	-56.79	-29.13	-14.46
	第三	-83.09	-28.66	-39.33	-49.93	-7.85	-21.81	19.78	-24.43	-55.88	-31.88	-14.95

从横向来看，食品价格上涨不同幅度均会使全部及户主从事不同行业家庭减少对食品和衣着鞋帽的马歇尔需求，从而减少对生存型消费品的马歇尔需求；再者，食品价格上涨不同幅度均会使全部及户主从事不同行业家庭减少对家庭设备及日用品与其他消费品的马歇尔需求，从而减少对享受型消费品的马歇尔需求；最后，食品价格上涨不同幅度均会使全部及户主从事不同行业家庭增加对交通通信的马歇尔需求，但减少对医疗保健、居住、文教娱乐的马歇尔需求，从而减少对发展型消费品的马歇尔需求。且与享受型消费品相比，食品价格上涨不同幅度大多使全部及户主从事不同行业家庭对生存型消费品的马歇尔需求下降幅度更大，对发展型消费品的马歇尔需求下降幅度更小。由于 QUAIDS 模型结果的对称性，食品价格波动使全部及户主从事不同行业家庭对三种层次消费品马歇尔需求影响的挤出效应显著，且挤出效应从大到小排序大多为生存型消费品、享受型消费品、发展型消费品。因此，食品价格上涨不利于户主从事不同行业家庭的马歇尔消费结构升级，而食品价格下降有利于户主从事不同行业家庭的马歇尔消费结构升级。且与享受型消费品相比，食品价格波动大多使全部及户主从事不同行业家庭对生存型消费品的马歇尔需求变动幅度更大，对发展型消费品的马歇尔需求变动幅度更小。

从纵向来看，随着食品价格上涨幅度的增加，全部及户主从事不同行业家庭对三种层次消费品的马歇尔需求变动的幅度也增加，且变动幅度的增加与食品价格上涨幅度增加的比例几乎一致。对于生存型消费品，与户主从事第三产业家庭相比，食品价格上涨10%、20%、30%、40%和50%均使户主从事第一产业家庭对生存型消费品的马歇尔需求下降得更少，而使户主从事第二产业家庭对生存型消费品的马歇尔需求下降得更多。但与户主从事第一产业家庭相比，食品价格上涨100%使户主从事第二产业家庭对生存型消费品的马歇尔需求下降得更多，而使户主从事第三产业家庭对生存型消费品的马歇尔需求下降得更少。对于享受型消费品，与户主从事第三产业家庭相比，食品价格上涨10%、20%、30%、40%和50%均使户主从事第一产业家庭对享受型消费品的马歇尔需求下降得更多，而使户主从事第二产业家庭对享受型消费品的马歇尔需求下降得更少。但与户主从事第二产业家庭相比，食品价格上涨100%使户主从事第一产业家庭对享受型消费品的马歇尔需求下降得更少，而使户主从事第三产业家庭对享受型消费品的马歇尔需求下降得更多。对于发展型消费品，与户主从事第二产业家庭相比，食品价格上涨不同幅度均使户主从事第一产业家庭对发展型消费品的马歇尔需求下降得更少，而使户主从事第三产业家庭对发展型消费品的马歇尔需求下降得更多。

综上所述，食品价格上涨不利于户主从事不同行业家庭的马歇尔消费结构升级，且对户主从事第三产业家庭的马歇尔消费结构升级最不利。

四、食品价格波动对家庭福利的行业异质性影响

本章在 QUAIDS 模型结果基础上，利用补偿变动方法研究食品价格波动对家庭福利的行业异质性影响。补偿变动方法为：

$$CV = E(p^1, u^0) - E(p^1, u^1) = E(p^1, V(p^0, m)) - m \qquad (5.10)$$

对支出函数 $E(p, u)$ 进行二阶 Taylor 展开得到：

$$\Delta \ln E = \sum_{i=1}^{8} w_i \Delta \ln p_i + \frac{1}{2} \sum_{i=1}^{8} \sum_{j=1}^{8} w_i e_{ij}^c \Delta \ln p_i \Delta \ln p_j \qquad (5.11)$$

其中，$\Delta \ln E$ 为当食品价格变动不同幅度时，政府需对户主从事不同行业家庭补偿的货币收入变动，以保持家庭效用不变。补偿变动分为直接福利损失和间接福利损失两个部分。其中，户主从事不同行业家庭直接福利损失变动幅度结果如表5.9 所示。

表5.9　户主从事不同行业家庭直接福利损失变动幅度（单位:%）

户主行业	10%	20%	30%	40%	50%	100%
第一产业	4.48	13.45	13.45	17.94	22.42	44.85
第二产业	4.70	9.40	14.11	18.81	23.51	47.02
第三产业	4.48	8.97	13.45	17.94	22.42	44.84

从表5.9 可以看出，当食品价格上涨10% 时，户主从事不同行业家庭直接福利损失均出现上涨。食品价格上涨幅度的增加会使户主从事不同行业家庭直接福利损失上涨的幅度也成比例的增

加。因此，食品价格与户主从事不同行业家庭直接福利损失成正比。

再者，户主从事不同行业家庭间接福利损失和补偿变动幅度结果如表 5.10 所示。

表 5.10　户主从事不同行业家庭间接福利损失和补偿变动幅度（单位:%）

户主行业	福利分析	10%	20%	30%	40%	50%	100%
第一产业	补偿变动	4.41	8.65	12.69	16.53	20.19	35.69
	间接福利损失	-0.07	-0.32	-0.77	-1.41	-2.24	-9.16
第二产业	补偿变动	4.61	9.02	13.24	17.28	21.12	37.56
	间接福利损失	-0.10	-0.39	-0.86	-1.53	-2.39	-9.46
第三产业	补偿变动	4.39	8.60	12.62	16.46	20.12	35.74
	间接福利损失	-0.09	-0.37	-0.83	-1.48	-2.30	-9.10

当食品价格上涨 10% 时，户主从事不同行业家庭的变动均出现上涨。食品价格上涨幅度的增加会使户主从事不同行业家庭间接福利损失下降的幅度和补偿变动上涨的幅度也成比例的增加。因此，食品价格与户主从事不同行业家庭间接福利损失成反比，而与户主从事不同行业家庭补偿变动成正比。这很可能是因为食品价格上涨使户主从事不同行业家庭购买三种层次消费品价格均上涨，而消费品价格上涨会通过降低家庭消费需求恶化家庭福利。

当食品价格上涨不同幅度时，与户主所从事行业为第二产业家庭相比，户主从事第一、三产业家庭间接福利损失下降的幅度和补偿变动上涨的幅度均更小。因此，食品价格上涨不同幅度会使户主所从事行业为第二产业家庭间接福利损失和补偿变动的变化幅度最大。

五、本章小结

本章利用25个省（自治区和直辖市）的2012年地区投入产出表，构建投入产出价格模型得到 QUAIDS 模型中的消费品价格数据。投入产出价格模型研究结果表明食品价格上涨不同幅度会使户主所从事行业为第二产业家庭购买的八种类型和三种层次消费品价格上涨幅度最小。

然后，参考《国民经济行业分类》的划分方法，本章将家庭户主所从事的行业划分为第一产业、第二产业和第三产业。本章加入反映家庭户主所从事的行业虚拟变量到 QUAIDS 模型中。QUAIDS 模型研究结果表明：（1）食品价格上涨有利于户主从事不同行业家庭的希克斯消费结构升级，且对户主从事第一产业家庭的希克斯消费结构升级最有利。（2）食品价格上涨不利于户主从事不同行业家庭的马歇尔消费结构升级，且对户主从事第三产业家庭的马歇尔消费结构升级最不利。

最后，本章利用补偿变动方法研究食品价格上涨对家庭福利的行业异质性影响。研究表明食品价格上涨不同幅度会使户主所从事行业为第二产业家庭间接福利损失和补偿变动的变化幅度最大。

　　为了提高家庭的生活质量和促进和谐社会发展，政府应该首先稳定户主所从事行业为第二产业家庭食品价格。并且，当面对优化家庭消费结构的问题时，政府应该根据户主从事不同行业家庭之间的差异划分市场。

第六章

食品价格波动对家庭消费的学历异质性影响研究[*]

2017 年我国粮食进口量 13062 万吨，同比增长 13.9%，而国际经济和政治局势的复杂性使国外粮食供给变动显著；再者，由我国城镇化速度加快和气候变化而间接导致的自然灾害也会使国内粮食供给存在很大的不确定性。在需求方面，随着我国经济发展的不断提速，以粮食等食品为原料的新型能源不断问世，对食品的需求量不断增加。粮食生产成本的变动、国家汇率的浮动、自然灾害的发生和食品需求的改变等均会影响食品价格。随着我国经济的快速发展，家庭收入水平逐年提高，生活质量逐年改善，食品价格指数和相应的居民消费价格指数（CPI）不断走向新高度。

食品价格的不断上涨关系到每个家庭的切身利益，已慢慢成为每个家庭在日常生活消费中关注的重点。家庭通过提高自身的

＊ 本章主要内容由王勇、武紫君撰写，并投稿于《农业经济问题》。论文题目为"食品价格波动对家庭消费的学历异质性影响研究"。

学历来提高收入水平，收入水平的提高又有利于消费支出的提高和消费结构的优化。人力资本论认为对人力资本的投资有四种最主要的表现形式，即：教育、培训、劳动力流动和医疗保健，而教育被广泛以为是人力资本投资的最基础和最主要的投资方式。

本章深入研究食品价格波动对家庭消费的学历异质性影响，不仅为政府加强对食品价格的宏观调控，从提高家庭学历方面缩小食品消费的差距，合理调控食品市场提供参考价值和现实指导，还有助于扩大国内需求，对加快产业结构优化升级和推动国内经济平稳运行都具有重大的现实意义。

一、家庭消费的学历异质性特征

本章研究食品价格波动对家庭消费的学历异质性影响。一个样本家庭包含至少一个家庭成员，但本章的研究对象为家庭户主。为了得到家庭户主的学历信息，本章定义 CFPS2014 数据中的财务回答人为家庭户主。由于海南省有 3 个样本家庭、内蒙古自治区有 6 个样本家庭、宁夏回族自治区有 2 个样本家庭以及新疆维吾尔自治区有 5 个样本家庭，所以本章所采用的 CFPS2014 数据排除了海南、内蒙古、青海、宁夏、新疆和西藏等省份（自治区和直辖市）的样本家庭，仅包括 25 个省（自治区和直辖市）的样本家庭。

本章删除学历不明以及至少四大类消费品支出同时为 0 的样本，最后剩余 11290 个有效样本家庭。然后，本章将家庭户主的学历划分为三组。第一组为初等教育组：文盲/半文盲，小学；
第二组为中等教育组：初中，高中/中专/技术学校；第三组为高
等教育组：大学本科，大专，研究生。基于以上数据得到 2014 年
家庭消费的学历异质性特征，如表 6.1 所示。

表 6.1 2014 年家庭消费的学历异质性特征

指标	全部教育	初等教育	中等教育	高等教育
有效样本家庭数（户）	11290	5441	4723	1126
消费支出（元）	46581.66	35433.32	51148.43	81296.82
食品（%）	40.12	39.12	41.50	39.19
衣着鞋帽（%）	5.93	5.53	6.06	7.36
家庭设备及日用品（%）	9.07	8.36	9.15	12.22
医疗保健（%）	11.51	14.25	9.54	6.53
居住（%）	13.80	14.61	13.35	11.74
文教娱乐（%）	8.48	7.48	8.99	11.21
交通通信（%）	9.68	9.52	9.89	9.53
其他消费品（%）	1.40	1.13	1.51	2.23
生存型消费品（%）	46	45	48	47
享受型消费品（%）	10	9	11	14
发展型消费品（%）	43	46	42	39

从表 6.1 可以看出，本章处理后得到的数据共有 11290 户有
效家庭户主样本，其中 5441 户家庭户主接受初等教育，4723 户
家庭户主接受中等教育，1126 户家庭户主接受高等教育。对于家
庭消费支出，户主接受初等教育家庭消费支出比全部家庭平均水
平少 11148.34 元，户主接受中等教育家庭消费支出全部家庭平均

水平多 4566.77，户主接受高等教育家庭消费支出比全部家庭平均水平多 34715.16 元。对于家庭消费结构，全部家庭对生存型（食品和衣着鞋帽）、享受型（家庭设备及日用品和其他消费品）与发展型消费品（医疗保健、居住、文教娱乐、交通通信）支出份额比重为 46：10：43。其中，户主接受初、中、高等教育家庭对生存型、享受型与发展型消费品支出份额比重分别为 45：9：46、48：11：42 和 47：14：39。因此，家庭消费结构不合理，且户主接受中等教育家庭的消费结构最不合理。

二、基于投入产出价格模型的消费品价格计算

我们需要各种类型消费品价格数据对需求系统模型进行估计。国内学者大多利用消费品价格指数表示不同种类消费品的价格。乔红芳和魏世勇（2014）[41]采用福建省城乡家庭人均消费品支出以及各种类型消费品价格指数，构建 LA-AIDS 模型进行分析。但是这些研究均没有考虑各种类型消费品价格变动的传递效应。而投入产出价格模型可以对一个部门价格变动对其他部门价格的直接和间接影响进行研究。本章构建投入产出价格模型分别研究食品价格变动不同幅度对 25 个省（直辖市和自治区）家庭购买八种类型消费品价格的影响。

（一）消费结构与部门对应表

参考《中国 2012 年投入产出表编制方法》、《家庭消费支出分类（2013）》与《中国家庭追踪调查技术报告系列：CFPS-

15》，本章重新编制 25 个省（直辖市和自治区）2012 年 42 个部门地区投入产出表，得到 8 个部门地区投入产出表。本章利用直接消耗系数估计投入产出价格模型，以分别研究食品价格变动不同幅度对 25 个省（直辖市和自治区）家庭购买八种类型消费品价格的影响。

（二）投入产出价格模型

参考王勇（2017）[44]，投入产出价格模型为：

$$\begin{cases} \Delta \bar{y}^{(1)} = H_{11}{}^{-1}\Delta p^{(1)} = (\bar{B}_{11}{}^{-1})'\Delta p^{(1)} \\ \Delta p^{(2)} = H_{21}H_{11}{}^{-1}\Delta p^{(1)} = \bar{B}'_{12}(\bar{B}_{11}{}^{-1})'\Delta p^{(1)} \end{cases} \tag{6.1}$$

其中，$p^{(1)}$ 为食品价格变动幅度，分别为 10% 、20% 、30% 、40% 、50% 和 100% ；$p^{(2)}$ 为八种类型消费品价格变动幅度；$\bar{y}^{(1)}$ 为食品增加值结构系数；$\bar{B}$ 为完全需要系数。本章利用重新编制的 25 个省（自治区和直辖市）2012 年 8 个部门投入产出表，构建投入产出价格模型研究得到食品价格变动不同幅度对 25 个省（自治区和直辖市）家庭购买八种类型和三种层次消费品价格的影响，结果如表 6.2 所示。其中，25 个省（自治区和直辖市）家庭购买的三种层次消费品价格变动幅度为对应的家庭户主样本对各种类型消费品价格变动幅度的算术平均。数据处理和分析软件为 Matlab R2016a。

表6.2　25个省（自治区和直辖市）家庭购买的八种类型和

三种层次消费品价格变动幅度（单位:%）

地区	食品	衣着鞋帽	家庭设备及日用品	医疗保健	居住	文教娱乐	交通通信	其他消费品	生存型消费品	享受型消费品	发展型消费品
北京	10	0.62	0.28	0.45	0.25	0.27	0.25	0.53	0.62	0.28	0.45
天津	10	1.26	0.33	0.43	0.24	0.34	0.25	0.66	1.26	0.33	0.43
河北	10	3.10	0.16	0.49	0.15	0.19	0.13	0.51	3.10	0.16	0.49
辽宁	10	2.23	0.73	0.76	0.70	0.81	0.72	1.29	2.23	0.73	0.76
上海	10	0.63	0.69	0.75	0.97	1.08	0.73	1.11	0.63	0.69	0.75
江苏	10	1.53	0.39	0.77	0.37	0.45	0.31	0.52	1.53	0.39	0.77
浙江	10	0.87	0.38	0.44	0.32	0.57	0.23	0.44	0.87	0.38	0.44
福建	10	0.95	0.62	0.66	0.49	0.83	0.43	1.04	0.95	0.62	0.66
山东	10	3.03	0.66	0.62	0.38	0.68	0.37	0.49	3.03	0.66	0.62
广东	10	1.00	0.59	0.70	0.55	0.68	0.44	1.25	1.00	0.59	0.70
吉林	10	2.50	0.81	0.83	0.60	0.49	0.43	1.11	2.50	0.81	0.83
黑龙江	10	1.29	0.70	0.47	0.24	0.18	0.21	0.53	1.29	0.70	0.47
江西	10	2.10	0.58	0.94	0.40	0.59	0.33	0.84	2.10	0.58	0.94
安徽	10	2.79	0.52	0.52	0.33	0.45	0.59	0.83	2.79	0.52	0.52
山西	10	3.79	0.23	0.46	0.21	0.38	0.20	0.65	3.79	0.23	0.46
河南	10	3.79	0.83	0.92	0.73	0.94	0.73	1.59	3.79	0.83	0.92
湖北	10	2.18	0.62	0.78	0.42	0.26	0.33	0.61	2.18	0.62	0.78
湖南	10	2.45	0.54	0.44	0.43	0.46	0.24	0.73	2.45	0.54	0.44
四川	10	2.87	0.66	0.83	0.49	0.90	0.52	1.26	2.87	0.66	0.83
贵州	10	0.96	0.44	1.08	0.36	0.33	0.39	0.63	0.96	0.44	1.08
云南	10	2.60	0.43	0.82	0.39	0.42	0.38	0.83	2.60	0.43	0.82
陕西	10	3.36	0.24	0.52	0.19	0.29	0.24	0.63	3.36	0.24	0.52
甘肃	10	3.01	0.37	0.76	0.33	0.46	0.33	1.07	3.01	0.37	0.76

续表

地区	食品	衣着鞋帽	家庭设备及日用品	医疗保健	居住	文教娱乐	交通通信	其他消费品	生存型消费品	享受型消费品	发展型消费品
重庆	10	1.54	0.26	0.50	0.18	0.26	0.18	0.49	1.54	0.26	0.50
广西	10	3.01	0.56	0.68	0.37	0.67	0.36	0.79	3.01	0.56	0.68

（三）消费品价格变动

本章算术平均 25 个省（自治区和直辖市）家庭购买消费品价格的变动幅度得到户主接受不同层次教育家庭购买消费品价格的变动幅度，结果如表 6.3 所示。其中，户主接受不同层次教育家庭购买八种类型消费品价格变动幅度为对应的家庭户主样本购买八种类型消费品价格变动幅度的算术平均。户主接受不同层次教育家庭购买三种层次消费品价格变动幅度为对应的家庭户主样本购买各种类型消费品价格变动幅度的算术平均。

表 6.3　户主接受不同层次教育家庭购买消费品价格的变动幅度（单位:%）

户主学历	食品	衣着鞋帽	家庭设备及日用品	医疗保健	居住	文教娱乐	交通通信	其他消费品	生存型消费品	享受型消费品	发展型消费品
全部	10	2.39	0.54	0.70	0.47	0.60	0.44	0.98	6.20	0.76	0.55
初等	10	2.45	0.54	0.71	0.46	0.60	0.44	0.97	6.23	0.76	0.55
中等	10	2.40	0.54	0.69	0.47	0.58	0.43	0.98	6.20	0.76	0.54
高等	10	2.08	0.56	0.69	0.52	0.63	0.46	0.97	6.04	0.77	0.58

从横向看来，食品价格上涨10%会使八种类型和三种层次消费品价格均出现上涨。且其他七种类型消费品的消费品价格变动幅度从大到小排序为：衣着鞋帽（2.39%）、其他消费品（0.98%）、医疗保健（0.70%）、文教娱乐（0.60%）、家庭设备及日用品（0.54%）、居住（0.47%）、交通通信（0.44%）。三种层次消费品价格变动幅度从大到小排序为：生存型消费品（6.20%）、享受型消费品（0.76%）、发展型消费品（0.55%）。反之亦然。

从纵向来看，对户主接受不同层次教育家庭购买消费品价格的变动情况进行比较分析。与户主接受高等教育的家庭相比，户主接受初等教育、中等教育的家庭衣着鞋帽、医疗保健、其他消费品和生存型消费品价格上涨幅度均更大，家庭设备及日用品、居住、文教娱乐、交通通信、享受型和发展型消费品价格上涨幅度均更小。

三、食品价格波动对家庭消费结构的学历异质性影响

（一）QUAIDS 模型

本章加入家庭户主学历的人口特征变量 Z_k（$k = 1,2,3$）到 QUAIDS 模型中。当家庭户主接受初等教育时，$Z_1 = 1$，$Z_2 = 0$，$Z_3 = 0$；当家庭户主接受中等教育时，$Z_1 = 0$，$Z_2 = 1$，$Z_3 = 0$；当家庭户主接受高等教育时，$Z_1 = 0$，$Z_2 = 0$，$Z_3 = 1$。参考赵昕东和

汪勇（2013）[14]，QUAIDS 模型为：

$$w_i = \alpha_i + \sum_{j=1}^{8} \gamma_{ij}\ln p_j + (\beta_i + \eta'_i z)\ln\left[\frac{m}{\overline{m_o}(z)a(p)}\right]$$

$$+ \frac{\lambda_i}{b(p)c(p,z)}\left\{\ln\left[\frac{m}{\overline{m_0}(z)a(p)}\right]\right\}^2 + \mu_i \qquad (6.2)$$

其中，w_i 为消费品 i 支出份额，消费品种类 $i = 1, \cdots, 8$，消费品种类 $j = 1, \cdots, 8$；α_i、β_i、γ_{ij}、λ_i、η_{2i} 和 ρ_2 均为待估参数；p 为消费品价格的向量，为表 6.2 中的结果；人口特征变量 z 反映家庭户主接受不同层次教育的差异，维度为 3，相应地 η_{2i} 和 η_{3i} 分别为 3×8 矩阵 η 的第 2 列和第 3 列；m 为家庭消费支出；$\overline{m_0}(z) = 1 + \rho'_2 z$；$\rho_2$ 和 ρ_3 为待估参数；$a(p)$ 为综合价格指数；$b(p)$ 为柯布道格拉斯价格集合指数；$c(p,z) = \prod_{j=1}^{8} p_j^{\eta'_j z}$；$\mu_i$ 为随机干扰项。

我们将 W_i 分别对 $\ln m$ 和 $\ln p_j$ 求偏导得到：

$$\mu_i = \frac{\partial w_i}{\partial \ln m} = \beta_i + \eta'_i Z + \frac{2\lambda_i}{b(p)c(p,z)}\ln\left[\frac{m}{\overline{m_o}(z)a(p)}\right]$$

$$(6.3)$$

$$u_{ij} = \frac{\partial w_i}{\partial \ln p_j} = \gamma_{ij} - w_i(e_i - 1)\ (\alpha_j = \sum_{j=1}^{8}\gamma_{ij}\ln p_j) -$$

$$\frac{(\beta_i + \eta'_i z)\lambda_i}{b(p)c(p,z)}\left\{\ln\left[\frac{m}{\overline{m_o}(z)a(p)}\right]\right\} \qquad (6.4)$$

（二）参数估计

本章运用 Poi（2012）[3] 建议的 IN‑SUR（Iterated Non‑linear

Seemingly Unrelated Regression）方法进行参数估计，结果如表6.4所示。

表6.4 参数估计结果

参数	系数	z值	参数	系数	z值	参数	系数	z值
α_1	0.375***	21.48	γ_{42}	0.018***	8.08	λ_1	-0.040***	-11.59
α_2	0.119***	19.4	γ_{52}	-0.001	-0.3	λ_2	-0.001*	-1.7
α_3	0.158***	10.52	γ_{62}	0.001	0.72	λ_3	0.028***	14.64
α_4	0.222***	11.57	γ_{72}	-0.009***	-5.88	λ_4	0.008***	3.61
α_5	0.138***	7.28	γ_{82}	0	-0.68	λ_5	0.033***	13.94
α_6	-0.101***	-5.54	γ_{33}	-0.052***	-7.65	λ_6	-0.022***	-13.27
α_7	0.069***	6.5	γ_{43}	0.001	0.18	λ_7	-0.007***	-6.51
α_8	0.020***	5.03	γ_{53}	-0.043***	-6.48	λ_8	0.001***	3.06
β_1	0.160***	12.3	γ_{63}	0.044***	8.08	η_{21}	0.005***	6.09
β_2	-0.001	-0.32	γ_{73}	0.006*	1.67	η_{22}	0.002***	6.26
β_3	-0.129***	-15.43	γ_{83}	-0.005***	-3.37	η_{23}	0.003***	4.64
β_4	-0.036***	-3.18	γ_{44}	0.005	0.58	η_{24}	-0.009***	-13.37
β_5	-0.154***	-14.84	γ_{54}	-0.024***	-3.1	η_{25}	-0.003***	-3.91
β_6	0.140***	15.61	γ_{64}	0.004	0.69	η_{26}	0.001	0.88
β_7	0.026***	4.46	γ_{74}	0.010**	2.36	η_{27}	0.001***	2.63
β_8	-0.006***	-2.76	γ_{84}	0.001	0.5	η_{28}	0.001***	6.2
γ_{11}	-0.046***	-3.75	γ_{55}	-0.067***	-5.31	η_{31}	0.001	0.48
γ_{21}	-0.022***	-9.07	γ_{65}	0.056***	7.29	η_{32}	0.005***	12.55
γ_{31}	0.045***	6.22	γ_{75}	-0.013**	-2.27	η_{33}	0.008***	7.74
γ_{41}	-0.016**	-2	γ_{85}	0.003	1.02	η_{34}	-0.015***	-13.4
γ_{51}	0.089***	9.6	γ_{66}	-0.052***	-6.72	η_{35}	-0.007***	-6.97
γ_{61}	-0.053***	-7.66	γ_{76}	-0.003	-0.69	η_{36}	0.005***	4.63

续表

参数	系数	z 值	参数	系数	z 值	参数	系数	z 值
γ_{71}	0.001	0.2	γ_{86}	0.001	0.77	η_{37}	0.001	1.59
γ_{81}	0.002	1.16	γ_{77}	0.006	1.14	η_{38}	0.002***	9.87
γ_{22}	0.009***	9.14	γ_{87}	0.001	0.86	ρ_2	0.211***	3.03
γ_{32}	0.003	1.59	γ_{88}	-0.003*	-1.85	ρ_3	0.705***	3.92

注：＊＊＊、＊＊和＊分别表示参数估计值在1%、5%和10%的显著性水平下显著。

其中，78个回归参数中有59个（76%）参数估计值在10%的显著性水平下显著。在消费支出二次项参数 λ_i 全为0的原假设下，Wald检验结果显示 $\chi^2(7)$ 值为399.69，对应的 $p < 0.01$，从而说明了本章构建QUAIDS模型进行研究的合理性。

在户主接受中等教育虚拟变量系数 $\eta_{2i}(i=1,\cdots,8)$ 全为0的原假设下，对其做Wald检验，结果显示 $\chi^2(8)$ 值为347.66，对应的 $p < 0.01$，可以拒绝原假设；在户主接受高等教育虚拟变量系数 $\eta_{3i}(i=1,\cdots,8)$ 全为0的原假设下，对其做Wald检验，结果显示 $\chi^2(8)$ 值为469.06，对应的 $p < 0.01$，可以拒绝原假设。因此，家庭消费变动的学历异质性显著。

（三）消费需求变动

1. 希克斯需求变动

由式（6.3）可以得到需求支出弹性为：

$$e_i = 1 + \frac{\mu_i}{w_i} \qquad (6.5)$$

通过斯勒茨基（Slutsky）方程得到希克斯价格弹性为：

$$e_{ij}^c = \frac{\mu_{ij}}{w_i} - \delta_{ij} + e_i w_j \qquad (6.6)$$

其中，当 $\delta_{ij} = 1$ 时，e_{ij}^c 为希克斯自价格弹性；当 $\delta_{ij} = 0$ 时，e_{ij}^c 为希克斯交叉价格弹性。当食品价格变动不同幅度时，户主接受不同层次教育家庭对八种类型和三种类型消费品的希克斯需求变动为：

$$\Delta \ln Q_i = \sum_{i=1}^{8} \sum_{j=1}^{8} e_{ij}^c \Delta \ln p_i \qquad (6.7)$$

其中，$\Delta \ln Q_i$ 为消费品 i 的希克斯需求。由于食品价格与户主接受不同层次教育家庭对八种类型和三种类型消费品希克斯需求的变动方向是一致的，表 6.5 仅列出食品价格上涨 10%、20%、30%、40%、50% 和 100% 的结果。其中，全部家庭对八种类型消费品的希克斯需求变动幅度为户主接受不同层次教育家庭对八种类型的希克斯需求变动幅度的算术平均。全部及户主接受不同层次教育家庭对三种层次消费品的希克斯需求变动幅度为对应的家庭户主样本对各种类型消费品的希克斯需求变动幅度的算术平均。

表 6.5 全部及户主接受不同层次教育家庭对八种类型和三种类型消费品的希克斯需求变动幅度 （单位:%）

上涨幅度	户主行业	食品	衣着鞋帽	家庭设备及日用品	医疗保健	居住	文教娱乐	交通通信	其他消费品	生存型消费品	享受型消费品	发展型消费品
10%	全部	-5.09	-0.67	3.34	0.71	5.78	3.46	5.10	3.14	-2.88	3.24	3.76
	初等	-5.34	-1.31	3.58	1.96	5.95	2.84	4.91	2.95	-3.33	3.27	3.92
	中等	-4.93	-0.70	3.29	1.00	5.84	3.82	5.25	3.23	-2.82	3.26	3.98
	高等	-5.00	0.00	3.14	-0.83	5.54	3.73	5.15	3.24	-2.50	3.19	3.40
20%	全部	-10.10	-1.37	6.53	1.22	11.51	7.04	10.23	6.21	-5.74	6.37	7.50
	初等	-10.60	-2.66	6.96	3.73	11.83	5.93	9.89	5.80	-6.63	6.38	7.85
	中等	-9.78	-1.42	6.46	1.79	11.64	7.71	10.51	6.40	-5.60	6.43	7.91
	高等	-9.92	-0.04	6.18	-1.87	11.05	7.48	10.30	6.42	-4.98	6.30	6.74
30%	全部	-15.03	-2.09	9.62	1.55	17.19	10.64	15.37	9.25	-8.56	9.44	11.19
	初等	-15.74	-3.99	10.16	5.32	17.58	9.15	14.90	8.64	-9.87	9.40	11.74
	中等	-14.57	-2.15	9.55	2.42	17.40	11.60	15.77	9.56	-8.36	9.56	11.80
	高等	-14.78	-0.13	9.16	-3.08	16.59	11.17	15.44	9.54	-7.46	9.35	10.03
40%	全部	-19.89	-2.80	12.63	1.77	22.84	14.25	20.52	12.28	-11.35	12.46	14.85
	初等	-20.79	-5.30	13.23	6.78	23.24	12.44	19.93	11.50	-13.05	12.37	15.60
	中等	-19.30	-2.87	12.58	2.93	23.13	15.50	21.04	12.71	-11.09	12.65	15.65
	高等	-19.59	-0.24	12.09	-4.40	22.16	14.82	20.58	12.63	-9.92	12.36	13.29

续表

上涨幅度	户主行业	食品	衣着鞋帽	家庭设备及日用品	医疗保健	居住	文教娱乐	交通通信	其他消费品	生存型消费品	享受型消费品	发展型消费品
50%	全部	-24.72	-3.53	15.59	1.91	28.47	17.86	25.66	15.31	-14.12	15.45	18.48
	初等	-25.77	-6.60	16.21	8.15	28.82	15.77	24.97	14.37	-16.19	15.29	19.43
	中等	-24.01	-3.60	15.57	3.36	28.84	19.39	26.31	15.87	-13.81	15.72	19.48
	高等	-24.37	-0.39	14.98	-5.77	27.75	18.43	25.71	15.69	-12.38	15.34	16.53
100%	全部	-48.39	-7.05	29.76	2.11	56.21	35.94	51.34	30.67	-27.72	30.22	36.40
	初等	-50.11	-12.79	30.26	14.40	55.95	32.69	50.22	29.17	-31.45	29.72	38.32
	中等	-47.23	-7.15	30.17	5.05	57.17	38.73	52.53	31.92	-27.19	31.05	38.37
	高等	-47.84	-1.21	28.85	-13.11	55.50	36.40	51.27	30.93	-24.53	29.89	32.52

从横向来看，食品价格上涨不同幅度均会使全部及户主接受不同层次教育家庭减少对食品和衣着鞋帽的希克斯需求，从而减少对生存型消费品的希克斯需求；再者，食品价格上涨不同幅度均会使全部及户主接受不同层次教育家庭增加对家庭设备及日用品与其他消费品的希克斯需求，从而增加对享受型消费品的希克斯需求；最后，食品价格上涨不同幅度均会使全部及户主接受不同层次教育家庭增加对医疗保健、居住、文教娱乐以及交通通信的希克斯需求，从而增加对发展型消费品的希克斯需求。且与享受型消费品相比，食品价格上涨不同幅度大多使全部及户主接受不同层次教育家庭对发展型消费品的希克斯需求变动幅度更大，对生存型消费品的希克斯需求变动幅度更小。由于 QUAIDS 模型结果的对称性，食品价格波动使全部及户主接受不同层次教育家庭对生存型消费品希克斯需求影响的挤出效应显著，而对享受型和发展型消费品希克斯需求影响的财富效应显著，且影响程度从大到小排序大多为发展型消费品、享受型消费品、生存型消费品。因此，食品价格上涨有利于户主接受不同层次教育家庭的希克斯消费结构升级，而食品价格下降不利于户主接受不同层次教育家庭的希克斯消费结构升级。且与享受型消费品相比，食品价格波动大多使全部及户主接受不同层次教育家庭对发展型消费品的希克斯需求变动幅度更大，对生存型消费品的希克斯需求变动幅度更小。

从纵向来看，随着食品价格上涨幅度的增加，全部及户主接

受不同层次教育家庭对三种层次消费品的希克斯需求变动的幅度
也增加，且变动幅度的增加与食品价格上涨幅度增加的比例几乎
一致。对于生存型消费品，与户主接受中等教育家庭相比，食品
价格上涨不同幅度均使户主接受初等教育家庭对生存型消费品的
希克斯需求下降得更多，而使户主接受高等教育家庭对生存型消
费品的希克斯需求下降得更少。对于享受型消费品，与户主接受
中等教育家庭相比，食品价格上涨10%使户主接受初等教育家庭
对享受型消费品的希克斯需求增加得更多，而使户主接受高等教
育家庭对享受型消费品的希克斯需求增加得更少。与户主接受初
等教育家庭相比，食品价格上涨20%、30%和40%均使户主接受
中等教育家庭对享受型消费品的希克斯需求增加得更多，而使户
主接受高等教育家庭对享受型消费品的希克斯需求增加得更少。
与户主接受高等教育家庭相比，食品价格上涨50%和100%均使
户主接受中等教育家庭对享受型消费品的希克斯需求增加得更
多，而使户主接受初等教育家庭对享受型消费品的希克斯需求增
加得更少。对于发展型消费品，与户主接受初等教育家庭相比，
食品价格上涨不同幅度均使户主接受中等教育家庭对发展型消费
品的希克斯需求增加得更多，而使户主接受高等教育家庭对发展
型消费品的希克斯需求增加得更少。

综上所述，食品价格上涨有利于户主接受不同层次教育家庭
的希克斯消费结构升级，且对户主接受中等教育家庭的希克斯消
费结构升级最有利。

2. 马歇尔需求变动

由式（6.4）可以得到马歇尔价格弹性为

$$e_{ij}^u = \frac{\mu_{ij}}{w_i} - \delta_{ij} \tag{6.8}$$

其中，δ_{ij} 为克罗内克乘数（Kronecker Product），即当 $i = j$ 时，$\delta_{ij} = 1$，否则 $\delta_{ij} = 0$。

当食品价格变动不同幅度时，户主接受不同层次教育家庭对八种类型和三种类型消费品的马歇尔需求变动为

$$\Delta \ln Q_i = \sum_{i=1}^{8} \sum_{j=1}^{8} e_{ij}^u \Delta \ln p_i \tag{6.9}$$

其中，$\Delta \ln Q_i$ 为消费品 i 的马歇尔需求变动。由于食品价格与户主接受不同层次教育家庭对八种类型和三种类型消费品马歇尔需求变动方向是一致的，表 6.6 仅列出食品价格上涨 10%、20%、30%、40%、50% 和 100% 的结果。其中，全部家庭对八种类型消费品的马歇尔需求变动幅度为户主接受不同层次教育家庭对八种类型的马歇尔需求变动幅度的算术平均。户主接受不同层次教育家庭对三种层次消费品的马歇尔需求变动幅度为对应的家庭户主样本对各种类型消费品的马歇尔需求变动幅度的算术平均。

表6.6　户主接受不同层次教育家庭对八种类型和三种类型消费品的马歇尔需求变动幅度（单位:%）

上涨幅度	户主行业	食品	衣着鞋帽	家庭设备及日用品	医疗保健	居住	文教娱乐	交通通信	其他消费品	生存型消费品	享受型消费品	发展型消费品
10%	全部	-8.84	-4.69	-2.50	-3.61	0.36	-1.89	1.18	-1.74	-6.77	-2.12	-0.99
	初等	-9.10	-5.08	-1.87	-2.55	0.90	-2.79	1.02	-1.59	-7.09	-1.73	-0.86
	中等	-8.86	-4.81	-2.83	-3.47	0.25	-1.62	1.18	-1.85	-6.84	-2.34	-0.92
	高等	-8.57	-4.19	-2.79	-4.80	-0.08	-1.27	1.35	-1.78	-6.38	-2.29	-1.20
20%	全部	-17.60	-9.44	-5.17	-7.32	0.65	-3.67	2.39	-3.58	-13.52	-4.38	-1.99
	初等	-18.15	-10.17	-3.84	-5.32	1.74	-5.31	2.12	-3.20	-14.16	-3.52	-1.69
	中等	-17.66	-9.65	-5.83	-7.04	0.44	-3.13	2.36	-3.79	-13.66	-4.81	-1.84
	高等	-16.99	-8.49	-5.85	-9.59	-0.22	-2.56	2.69	-3.76	-12.74	-4.81	-2.42
30%	全部	-26.28	-14.20	-7.98	-11.13	0.92	-5.41	3.61	-5.47	-20.24	-6.73	-3.00
	初等	-27.10	-15.24	-5.94	-8.30	2.49	-7.69	3.27	-4.77	-21.17	-5.36	-2.56
	中等	-26.39	-14.50	-8.96	-10.72	0.56	-4.60	3.54	-5.77	-20.45	-7.37	-2.81
	高等	-25.34	-12.87	-9.05	-14.37	-0.30	-3.93	4.02	-5.86	-19.11	-7.46	-3.65
40%	全部	-34.90	-18.99	-10.89	-15.01	1.15	-7.15	4.84	-7.39	-26.94	-9.14	-4.04
	初等	-35.97	-20.28	-8.14	-11.42	3.13	-10.01	4.44	-6.30	-28.13	-7.22	-3.47
	中等	-35.08	-19.35	-12.18	-14.47	0.65	-6.05	4.73	-7.79	-27.22	-9.99	-3.79
	高等	-33.64	-17.33	-12.36	-19.13	-0.33	-5.38	5.34	-8.07	-25.49	-10.22	-4.88

续表

上涨幅度	户主行业	食品	衣着鞋帽	家庭设备及日用品	医疗保健	居住	文教娱乐	交通通信	其他消费品	生存型消费品	享受型消费品	发展型消费品
50%	全部	-43.47	-23.79	-13.87	-18.91	1.38	-8.88	6.06	-9.32	-33.63	-11.60	-5.09
	初等	-44.77	-25.30	-10.39	-14.64	3.71	-12.30	5.63	-7.79	-35.04	-9.09	-4.40
	中等	-43.74	-24.22	-15.45	-18.25	0.73	-7.48	5.91	-9.82	-33.98	-12.64	-4.77
	高等	-41.90	-21.85	-15.76	-23.84	-0.30	-6.87	6.64	-10.36	-31.88	-13.06	-6.09
100%	全部	-86.04	-47.92	-29.32	-38.52	2.39	-17.43	12.00	-18.94	-66.98	-24.13	-10.39
	初等	-88.26	-50.08	-22.02	-31.36	5.80	-23.77	11.58	-14.65	-69.17	-18.34	-9.44
	中等	-86.99	-48.69	-32.18	-37.15	1.21	-14.36	11.57	-19.87	-67.84	-26.03	-9.68
	高等	-82.87	-45.00	-33.76	-47.04	0.15	-14.16	12.86	-22.31	-63.94	-28.04	-12.05

　　从横向来看，食品价格上涨不同幅度均会使全部及户主接受不同层次教育家庭减少对食品和衣着鞋帽的马歇尔需求，从而减少对生存型消费品的马歇尔需求；再者，食品价格上涨不同幅度均会使全部及户主接受不同层次教育家庭减少对家庭设备及日用品与其他消费品的马歇尔需求，从而减少对享受型消费品的马歇尔需求；最后，食品价格上涨不同幅度均会使全部及户主接受不同层次教育家庭增加对居住和交通通信的马歇尔需求，但减少对医疗保健和文教娱乐的马歇尔需求，从而减少对发展型消费品的马歇尔需求。且与享受型消费品相比，食品价格上涨不同幅度使全部及户主接受不同层次教育家庭对生存型消费品的马歇尔需求下降幅度更大，对发展型消费品的马歇尔需求下降幅度更小。由于 QUAIDS 模型结果的对称性，食品价格波动使全部及户主接受不同层次教育家庭对三种层次消费品马歇尔需求影响的挤出效应显著，且挤出效应从大到小排序为生存型消费品、享受型消费品、发展型消费品。因此，食品价格上涨不利于户主接受不同层次教育家庭的马歇尔消费结构升级，而食品价格下降有利于户主接受不同层次教育家庭的马歇尔消费结构升级。且与享受型消费品相比，食品价格波动使全部及户主接受不同层次教育家庭对生存型消费品的马歇尔需求变动幅度更大，对发展型消费品的马歇尔需求变动幅度更小。

　　从纵向来看，随着食品价格上涨幅度的增加，全部及户主接受不同层次教育家庭对三种层次消费品的马歇尔需求变动的幅度也增加，且变动幅度的增加与食品价格上涨幅度增加的比例几乎一致。对于生存型消费品，与户主接受中等教育家庭相比，食品价格上涨不同幅度均使户主接受初等教育家庭对生存型消费品的马歇尔需求下降得更多，而使户主接受高等教育家庭对生存型消费品的马歇尔需求下降得更少。对于享受型消费品，与户主接受高等教育家庭相比，食品价格上涨 10% 使户主接受初等教育家庭对享受型消费品的马歇尔需求下降得更少，而使户主接受中等教育家庭对享受型消费品的马歇尔需求下降得更多。与户主接受中等教育家庭相比，食品价格上涨 20%、30%、40%、50% 甚至 100% 均使户主接受初等教育家庭对享受型消费品的马歇尔需求下降得更少，而使户主接受高等教育家庭对享受型消费品的马歇尔需求下降得更多。对于发展型消费品，与户主接受中等教育家庭相比，食品价格上涨不同幅度均使户主接受初等教育家庭对发展型消费品的马歇尔需求下降得更少，而使户主接受高等教育家庭对发展型消费品的马歇尔需求下降得更多。

综上所述，食品价格上涨不利于户主接受不同层次教育家庭的马歇尔消费结构升级，且对户主接受高等教育家庭的马歇尔消费结构升级最不利。

四、食品价格波动对家庭福利的学历异质性影响

本章利用补偿变动方法研究食品价格波动对家庭福利的学历异质性影响。补偿变动为：

$$CV = E(p^1, u^0) - E(p^1, u^1) = E(p^1, V(p^0, m)) - m \qquad (6.10)$$

对支出函数 $E(p, u)$ 进行二阶泰勒展开得到

$$\Delta\ln E = \sum_{i=1}^{8} w_i \Delta\ln p_i + \frac{1}{2} \sum_{i=1}^{8} \sum_{j=1}^{8} w_i e_{ij}^c \Delta\ln p_i \Delta\ln p_j \qquad (6.11)$$

其中, $\Delta\ln E$ 为食品价格变动不同幅度后, 政府需对家庭补偿的货币收入变动, 以保持家庭效用不变。补偿变动分为直接福利损失和间接福利损失两个部分。由于食品价格变动方向与家庭补偿变动方向是一致的, 表 6.7 仅列出食品价格上涨 10%、20%、30%、40%、50% 和 100% 的结果。

表6.7　户主接受不同层次教育家庭福利变动情况（单位:%）

户主学历	上涨幅度	10%	20%	30%	40%	50%	100%
初等教育	补偿变动	4.26	8.32	12.20	15.89	19.39	34.24
	直接福利损失	4.36	8.72	13.08	17.44	21.80	43.60
	间接福利损失	-0.10	-0.40	-0.88	-1.55	-2.41	-9.36
中等教育	补偿变动	4.49	8.78	12.88	16.80	20.54	36.48
	直接福利损失	4.58	9.17	13.75	18.33	22.91	45.83
	间接福利损失	-0.10	-0.39	-0.86	-1.53	-2.38	-9.35
高等教育	补偿变动	4.29	8.40	12.33	16.08	19.65	34.96
	直接福利损失	4.38	8.77	13.15	17.53	21.91	43.83
	间接福利损失	-0.09	-0.37	-0.82	-1.45	-2.26	-8.87

从横向来看, 只要食品价格上涨, 家庭的直接福利损失会上涨, 而间接福利损失会下降, 综合来看家庭的补偿变动会上涨。随着食品价格的增加, 户主接受中等教育的家庭补偿变动的变化

幅度最大，食品价格从 10% 上涨到 100%，户主接受中等教育的家庭补偿变动从 4.49% 提高到 36.48%，增加了 31.99%；补偿变动的变化幅度较大的是户主接受高等教育的家庭，食品价格从 10% 上涨到 100%，户主接受高等教育的家庭补偿变动从 4.29% 提高到 34.96%，增加了 30.67%；补偿变动的变化幅度最小的是户主接受初等教育的家庭，食品价格从 10% 上涨到 100%，户主接受初等教育的家庭补偿变动从 4.26% 提高到 34.24%，增加了 29.98%。因此，食品价格上涨不同幅度会提高户主接受不同层次教育家庭的补偿变动。且食品价格上涨幅度越大，户主接受不同层次教育家庭的补偿变动上涨的幅度也会越大，不利于家庭福利的改善。反之，食品价格下降幅度越大，户主接受不同层次教育家庭的补偿变动下降的幅度也会越大，有利于家庭福利的改善。

从纵向来看，当食品价格上涨 10% 时，户主学历为户主接受中等教育家庭的补偿变动比户主学历为户主接受初等教育家庭的补偿变动多 0.23%，比户主学历为户主接受高等教育家庭的补偿变动多 0.20%；当食品价格上涨 20% 时，户主学历为户主接受中等教育家庭的补偿变动比户主学历为户主接受初等教育家庭的补偿变动多 0.46%，比户主学历为户主接受高等教育家庭的补偿变动多 0.38%；当食品价格上涨 30% 时，户主学历为户主接受中等教育家庭的补偿变动比户主学历为户主接受初等教育家庭的补偿变动多 0.68%，比户主学历为户主接受高等教育家庭的补偿变动多 0.55%；当食品价格上涨 40% 时，户主学历为户主接受中等教育家庭的补偿变动比户主学历为户主接受初等教育家庭的补偿变动多0.91%，比户主学历为户主接受高等教育家庭的补偿变动多0.72%；当食品价格上涨50%时，户主学历为户主接受中等教育家庭的补偿变动比户主学历为户主接受初等教育家庭的补偿变动多1.15%，比户主学历为户主接受高等教育家庭的补偿变动多0.89%；当食品价格上涨100%时，户主学历为户主接受中等教育家庭的补偿变动比户主学历为户主接受初等教育家庭的补偿变动多2.24%，比户主学历为户主接受高等教育家庭的补偿变动多1.52%。因此，户主接受不同层次教育家庭补偿变动与食品价格变动的方向相同，且变动幅度最大的是户主接受中等教育的家庭；户主接受高等教育的家庭次之；最小的则是户主接受初等教育的家庭。

综上所述，食品价格上涨不利于户主接受不同层次教育家庭福利，其中对户主接受初等教育的家庭最有利，而对户主接受中等教育的家庭最不利。

五、本章小结

为了解决消费品价格数据不易得到的难题，本章利用25个省（自治区和直辖市）的2012年地区投入产出表，估计投入产出价格模型得到消费品价格数据。投入产出价格模型研究结果表明食品价格上涨会使八种类型和三种层次消费品价格上涨。

然后，本章将家庭户主的学历划分为初等教育、中等教育和

高等教育三组。本章加入反映家庭户主学历的虚拟变量到
QUAIDS 模型中。QUAIDS 模型研究结果表明：（1）食品价格上
涨有利于户主接受不同层次教育家庭的希克斯消费结构升级，且
对户主接受中等教育家庭的希克斯消费结构升级最有利。（2）食
品价格上涨不利于户主接受不同层次教育家庭的马歇尔消费结构
升级，且对户主接受高等教育家庭的马歇尔消费结构升级最
不利。

最后，本章利用补偿变动方法研究食品价格波动对家庭福利
的学历异质性影响。研究表明食品价格上涨不同幅度会提高户主
接受不同层次教育家庭的补偿变动。且食品价格上涨幅度越大，
户主接受不同层次教育家庭的补偿变动上涨的幅度也会越大，不
利于家庭福利的改善。反之，食品价格下降幅度越大，户主接受
不同层次教育家庭的补偿变动下降的幅度也会越大，有利于家庭
福利的改善。户主接受不同层次教育家庭补偿变动与食品价格变
动的方向相同，且变动幅度最大的是户主接受中等教育的家庭；
户主接受高等教育的家庭次之；最小的则是户主接受初等教育的
家庭。为了提高家庭的生活质量和促进和谐社会发展，政府应该
首先稳定户主接受中等教育的家庭食品价格。

第七章

食品价格波动对户主不同年龄与地区家庭消费的影响研究[*]

我国已经进入经济增长新常态阶段，在新常态的九个趋势性变化中，消费处在第一位。消费增长拉动了我国经济增长，渗透在国民经济生活的方方面面，是市场经济发展的最终目的。进入21世纪以来，随着全球经济的持续增长以及人口的不断膨胀，消费者行为更多以家庭为单位体现其消费决策，家庭消费越发成为制约经济可持续发展的重要因素之一。我国家庭消费结构升级步伐在加快，服务消费占整体消费的比重在提高，服务消费增速在加快，实物消费中的品质型消费增速也在加快。李克强总理在公开场合发出"大众创业、万众创新"的口号，号召大家积极投入创业创新。大众创业的蓬勃发展催生了很多新的消费业态和模式，也带动了新兴消费的发展。这些因素结合在一起使得作为

---

* 本章主要内容已发表在 CSSCI 期刊《调研世界》2018 年第 8 期，第 40 – 48 页。以独立作者身份发表的论文题目为"食品价格波动对家庭消费的影响研究——基于 CFPS2014 数据的分析"。

"三驾马车"之一的消费对 GDP 拉动作用越来越增强。据统计局发布新闻得知,2017 年一季度消费对经济增长的贡献高达77.2%,毋庸置疑最终消费已经成为经济增长的第一驱动力。

张丹(2015)[1]基于中国 2012 年社会核算矩阵的结构路径分析原理,研究食品价格波动对城乡家庭消费影响的传导路径发现食品价格波动通过多条路径影响城乡家庭的 CPI,最终导致城乡家庭生活成本的变化,从而影响城乡家庭消费结构。食品作为消费品之一,食品价格波动会影响家庭设备及日用品等其他消费品价格,消费品价格变动必然也会影响家庭消费结构。另一方面,我国人口老龄化程度进一步加剧,且人口老龄化程度存在地区差异。在人口老龄化程度加剧和地区差异的背景下,政府在制定食品市场相关调控政策时,不仅要考虑食品价格波动对不同地区家庭消费的影响,还要考虑食品价格波动对户主不同年龄家庭消费的影响。加强对食品价格波动对户主不同年龄与地区家庭消费的影响的研究可以帮助政府做出调控和出台相关政策,也对提高人民生活质量,稳定国民经济的快速发展具有重要的意义。

一、户主不同年龄与地区家庭的消费特征

一个家庭户主样本包含至少一个家庭成员,但本章的研究对象为家庭户主。为了得到家庭户主的年龄信息,本章定义 CF-PS2014 数据中家庭问卷数据库的财务回答人(fresp1pid)为家庭户主,并根据家庭成员编码(pid)得到家庭关系数据库中关于家

庭户主个人出生年份（tb1y_ a_ p）等人口特征信息。根据研究的需要，我们删除至少有四类消费品支出同时为 0 和个人出生年份信息缺失的样本。本章包括除海南省、青海省、西藏自治区、宁夏回族自治区、内蒙古自治区和新疆维吾尔自治区 25 个省（自治区和直辖市）的共 11287 户有效家庭户主样本。为了研究食品价格波动对户主不同年龄与地区家庭消费的影响，本章将户主年龄划分为三类，分别为 0 ～ 49 岁、50 ～ 64 岁、超过 65 岁。基于以上数据得到 2014 年户主不同年龄与地区家庭的消费特征，如表 7.1 所示。其中，户主不同年龄与地区家庭对八种类型消费品支出份额为对应的家庭户主样本对八种类型消费品支出份额的算术平均。户主不同年龄与地区家庭对三种层次消费品支出份额为对应的家庭户主样本对各种类型消费品支出份额的加总。

表7.1 2014年户主不同年龄与地区家庭的消费特征

户主年龄	地区	有效样本家庭数（户）	纯收入（元）	消费支出（元）	食品（%）	衣着鞋帽（%）	家庭设备及日用品（%）	医疗保健（%）	居住（%）	文教娱乐（%）	交通通信（%）	其他消费品（%）	生存型消费品（%）	享受型消费品（%）	发展型消费品（%）
0岁以上	全国	11287	50711.61	46588.07	40.12	5.93	9.08	11.51	13.80	8.49	9.68	1.40	46	10	43
	东部	4961	61224.46	51350.16	42.88	5.44	8.82	10.92	13.43	7.89	9.12	1.50	48	10	41
	中部	3270	46391.14	44547.77	39.25	6.59	9.03	11.77	13.28	9.72	8.90	1.46	46	10	44
	西部	3056	38268.47	41040.65	36.57	6.04	9.54	12.18	14.95	8.13	11.42	1.18	43	11	47
0~49岁	全国	4971	51063.42	54045.25	38.77	7.05	10.38	7.75	13.33	10.58	10.50	1.65	46	12	42
	东部	2125	64089.53	60032.90	40.85	7.03	10.41	6.52	12.57	10.46	10.37	1.80	48	12	40
	中部	1365	47797.24	54325.14	37.88	7.62	10.34	7.52	13.29	11.83	9.70	1.81	46	12	42
	西部	1481	35383.37	45195.95	36.60	6.56	10.36	9.74	14.45	9.59	11.42	1.28	43	12	45
50~64岁	全国	3952	57499.82	44166.38	39.82	5.66	8.66	12.23	14.40	7.62	10.37	1.23	45	10	45
	东部	1672	69704.22	48823.42	42.75	4.92	8.28	11.50	14.34	7.09	9.83	1.28	48	10	43
	中部	1215	50859.71	41914.10	39.58	6.45	8.78	12.50	13.34	8.71	9.38	1.27	46	10	44
	西部	1065	45914.83	39424.54	35.51	5.92	9.10	13.07	15.71	7.22	12.35	1.12	41	10	48
超过65岁	全国	2364	38623.70	34955.63	43.45	4.04	7.05	18.19	13.77	5.53	6.79	1.17	47	8	44
	东部	1164	43813.43	39128.41	46.78	3.28	6.70	18.14	13.69	4.34	5.79	1.28	50	8	42
	中部	690	35740.92	29843.12	41.35	4.81	6.89	18.88	13.17	7.33	6.49	1.08	46	8	46
	西部	510	30679.14	32348.77	38.69	4.74	8.05	17.40	14.78	5.83	9.48	1.03	43	9	47

从表 7.1 可以看出，本章所采用的 CFPS2014 数据共有 11287 户有效家庭户主样本，其中东部地区家庭 4961 户，中部地区家庭 3270 户，西部地区家庭 3056 户。户主年龄在 0～49 岁区间的家庭 4971 户，户主年龄在 50～64 岁区间的家庭 3952 户，户主年龄超过 65 岁的家庭 2364 户。

然后，全国家庭纯收入和消费支出分别为 50711.612 元和 46588.070 元。其中，对于家庭纯收入和消费支出的年龄异质性，户主年龄在 0～49 岁区间的家庭纯收入和消费支出分别比全国平均水平多 351.807 元和 7457.176 元，户主年龄在 50～64 岁区间的家庭纯收入比全国平均水平多 6788.209 元、消费支出比全国平均水平少 2421.692 元，户主年龄超过 65 岁的家庭纯收入和消费支出分别比全国平均水平少 12087.913 元和 11632.444 元。由此对于家庭纯收入和消费支出的年龄异质性，户主年龄超过 65 岁的家庭纯收入和消费支出均最少。对于家庭纯收入和消费支出的地区异质性，东、中、西部地区家庭纯收入和消费支出分别比全国平均水平多 10512.844 元和 4762.089 元、少 4320.476 元和 2040.303 元以及少 12443.147 和 5547.425 元。由此对于家庭纯收入和消费支出的地区异质性，东部地区家庭纯收入和消费支出均最多。

最后，全国家庭对生存型、发展型与享受型消费品支出份额比重为 46∶43∶10。其中，对于家庭消费结构的年龄异质性，户主年龄在 0～49 岁区间的家庭对生存型、发展型与享受型消费支出份额比重为 46：42：12，户主年龄在 50～64 岁区间的家庭对生存型、发展型与享受型消费支出份额比重为 45：45：10，户主年龄超过 65 岁的家庭对生存型、发展型与享受型消费支出份额比重为 47：44：8。由此对于家庭消费结构的年龄异质性，户主年龄超过 65 岁的家庭消费结构最不合理。对于家庭消费结构的地区异质性，东、中、西部地区家庭对生存型、发展型与享受型消费支出份额比重分别为 48：41：10、46：44：10 以及 43：47：11。由此对于家庭消费结构的地区异质性，东部地区家庭消费结构最不合理。

因此，在家庭所在地区和户主年龄存在差异的背景下，东部地区户主年龄超过 65 岁的家庭消费结构最不合理。其中，东部地区户主年龄超过 65 岁的家庭对生存型消费品、发展型与享受型消费品支出份额比重为 50：42：8。

二、基于投入产出价格模型的消费品价格计算

我们需要各种类型消费品价格数据对需求系统模型进行估计。国内学者大多利用消费品价格指数表示不同种类消费品的价格。乔红芳和魏世勇（2014）[41] 采用福建省城乡家庭人均消费品支出以及各种类型消费品价格指数，构建 LA‒AIDS 模型进行分析。但是这些研究均没有考虑各种类型消费品价格变动的传递效应。而投入产出价格模型可以对一个部门价格变动对其他部门价格的直接和间接影响进行研究。本章构建投入产出价格模型分别

研究食品价格变动不同幅度对 25 个省（直辖市和自治区）家庭购买八种类型消费品价格的影响，通过算术平均得到不同地区、户主不同年龄家庭购买的八种类型和三种层次消费品价格变动幅度。

（一）消费结构与部门对应表

参考《中国 2012 年投入产出表编制方法》、《家庭消费支出分类（2013）》与《中国家庭追踪调查技术报告系列：CFPS－15》，本章重新编制 25 个省（直辖市和自治区）2012 年 42 个部门地区投入产出表，得到 8 个部门地区投入产出表。本章利用直接消耗系数估计投入产出价格模型，以分别研究食品价格变动不同幅度对 25 个省（直辖市和自治区）家庭购买八种类型消费品价格的影响。

（二）投入产出价格模型

参考吕建兴 等（2017）[42]与李文星（2017）[43]，食品价格波动会对 CPI 产生影响。参考《中国 2012 年投入产出表编制方法》，本章重新编制 25 个省（直辖市和自治区）2012 年 42 个部门地区投入产出表，得到 8 个部门地区投入产出表。本章利用 25 个省（自治区和直辖市）的 2012 年地区投入产出表，估计投入产出价格模型，以分别研究食品价格变动不同幅度对 25 个省（直辖市和自治区）家庭购买八种类型消费品价格的影响。参考王勇（2017）[44]，投入产出价格模型为：

$$\begin{cases} \Delta \bar{y}^{(1)} = H_{11}{}^{-1}\Delta p^{(1)} = (\bar{B}_{11}{}^{-1})'\Delta p^{(1)} \\ \Delta p^{(2)} = H_{21}H_{11}{}^{-1}\Delta p^{(1)} = \bar{B}'_{12}(\bar{B}_{11}{}^{-1})'\Delta p^{(1)} \end{cases} \tag{7.1}$$

其中，$p^{(1)}$ 为食品价格变动幅度，分别为 10%、20%、30%、40%、50% 和 100%；$p^{(2)}$ 为八种类型消费品价格变动幅度；$\bar{y}^{(1)}$ 为食品增加值结构系数；$\bar{B}$ 为完全需要系数。本章利用重新编制的 25 个省（自治区和直辖市）2012 年 8 个部门投入产出表，构建投入产出价格模型研究得到食品价格上涨 10% 对 25 个省（自治区和直辖市）家庭购买八种类型和三种层次消费品价格的影响，结果如表 7.2 所示。由于投入产出价格模型的结果具有对称性，食品价格不同幅度的下降会使得 25 个省（自治区和直辖市）家庭购买的八种类型和三种层次消费品价格出现相同比例的下降，结果可以直接计算出。数据处理和分析软件为 Matlab R2016b。

表 7.2　25 个省（自治区和直辖市）家庭购买的八种类型和

三种层次消费品价格变动幅度（单位:%）

地区	食品	衣着鞋帽	家庭设备及日用品	医疗保健	居住	文教娱乐	交通通信	其他消费品	生存型消费品	享受型消费品	发展型消费品
北京	10	0.62	0.28	0.45	0.25	0.27	0.25	0.53	0.62	0.28	0.45
天津	10	1.26	0.33	0.43	0.24	0.34	0.25	0.66	1.26	0.33	0.43
河北	10	3.10	0.16	0.49	0.15	0.19	0.13	0.51	3.10	0.16	0.49
辽宁	10	2.23	0.73	0.76	0.70	0.81	0.72	1.29	2.23	0.73	0.76
上海	10	0.63	0.69	0.75	0.97	1.08	0.73	1.11	0.63	0.69	0.75

续表

地区	食品	衣着鞋帽	家庭设备及日用品	医疗保健	居住	文教娱乐	交通通信	其他消费品	生存型消费品	享受型消费品	发展型消费品
江苏	10	1.53	0.39	0.77	0.37	0.45	0.31	0.52	1.53	0.39	0.77
浙江	10	0.87	0.38	0.44	0.32	0.57	0.23	0.44	0.87	0.38	0.44
福建	10	0.95	0.62	0.66	0.49	0.83	0.43	1.04	0.95	0.62	0.66
山东	10	3.03	0.66	0.62	0.38	0.68	0.37	0.49	3.03	0.66	0.62
广东	10	1.00	0.59	0.70	0.55	0.68	0.44	1.25	1.00	0.59	0.70
吉林	10	2.50	0.81	0.83	0.60	0.49	0.43	1.11	2.50	0.81	0.83
黑龙江	10	1.29	0.70	0.47	0.24	0.18	0.21	0.53	1.29	0.70	0.47
江西	10	2.10	0.58	0.94	0.40	0.59	0.33	0.84	2.10	0.58	0.94
安徽	10	2.79	0.52	0.52	0.33	0.45	0.59	0.83	2.79	0.52	0.52
山西	10	3.79	0.23	0.46	0.22	0.38	0.20	0.65	3.79	0.23	0.46
河南	10	3.79	0.83	0.92	0.73	0.94	0.73	1.59	3.79	0.83	0.92
湖北	10	2.18	0.62	0.78	0.42	0.26	0.33	0.61	2.18	0.62	0.78
湖南	10	2.45	0.54	0.44	0.43	0.46	0.24	0.73	2.45	0.54	0.44
四川	10	2.87	0.66	0.83	0.49	0.90	0.52	1.26	2.87	0.66	0.83
贵州	10	0.96	0.44	1.08	0.36	0.33	0.39	0.63	0.96	0.44	1.08
云南	10	2.60	0.43	0.82	0.39	0.42	0.38	0.83	2.60	0.43	0.82
陕西	10	3.36	0.24	0.52	0.19	0.29	0.24	0.63	3.36	0.24	0.52
甘肃	10	3.01	0.37	0.76	0.33	0.46	0.33	1.07	3.01	0.37	0.76
重庆	10	1.54	0.26	0.50	0.18	0.26	0.18	0.49	1.54	0.26	0.50
广西	10	3.01	0.56	0.68	0.37	0.67	0.36	0.79	3.01	0.56	0.68

（三）消费品价格变动

本章通过算术平均将 25 个省（自治区和直辖市）购买的八

种类型和三种层次消费品价格变动幅度转化为户主不同年龄与地区家庭购买八种类型和三种层次消费品价格变动幅度，结果如表7.3 所示。其中，户主不同年龄与地区家庭购买八种类型消费品价格变动幅度为对应的家庭户主样本购买八种类型消费品价格变动幅度的算术平均。户主不同年龄与地区家庭购买三种层次消费品价格变动幅度为对应的家庭户主样本购买各种类型消费品价格变动幅度的算术平均。

表 7.3　户主不同年龄与地区购买八种类型和三种层次消费品价格变动幅度（单位:%）

户主年龄	地区	食品	衣着鞋帽	家庭设备及日用品	医疗保健	居住	文教娱乐	交通通信	其他消费品	生存型消费品	享受型消费品	发展型消费品
0岁以上	全国	10	2.388	0.544	0.701	0.470	0.597	0.438	0.976	6.194	0.760	0.552
	东部	10	1.796	0.554	0.662	0.538	0.668	0.481	0.957	5.898	0.756	0.587
	中部	10	2.960	0.633	0.693	0.475	0.567	0.443	1.014	6.480	0.824	0.545
	西部	10	2.736	0.432	0.773	0.353	0.515	0.365	0.964	6.368	0.698	0.502
0~49岁	全国	10	2.385	0.529	0.698	0.452	0.578	0.423	0.965	6.193	0.747	0.538
	东部	10	1.782	0.533	0.651	0.510	0.637	0.456	0.943	5.891	0.738	0.564
	中部	10	2.929	0.631	0.689	0.469	0.557	0.435	1.000	6.465	0.816	0.538
	西部	10	2.748	0.430	0.774	0.354	0.511	0.365	0.963	6.374	0.697	0.501
50~64岁	全国	10	2.433	0.548	0.703	0.471	0.598	0.442	0.985	6.217	0.767	0.554
	东部	10	1.837	0.564	0.667	0.547	0.676	0.493	0.975	5.919	0.770	0.596
	中部	10	2.962	0.630	0.692	0.470	0.563	0.439	1.010	6.481	0.820	0.541
	西部	10	2.764	0.430	0.771	0.353	0.515	0.365	0.971	6.382	0.701	0.501
超过65岁	全国	10	2.319	0.567	0.704	0.503	0.637	0.465	0.984	6.160	0.776	0.577
	东部	10	1.763	0.578	0.676	0.575	0.712	0.508	0.958	5.882	0.768	0.618
	中部	10	3.019	0.643	0.703	0.493	0.593	0.465	1.050	6.510	0.847	0.564
	西部	10	2.64	0.44	0.77	0.35	0.53	0.37	0.95	6.320	0.695	0.505

食品价格上涨10%使户主不同年龄与地区家庭购买三种层次消费品价格均上涨，且变动幅度从大到小排序为：生存型消费品、享受型消费品、发展型消费品。由此食品价格上涨使户主不同年龄与地区家庭购买三种层次消费品价格均上涨，且与享受型消费品相比，食品价格波动使户主不同年龄与地区家庭购买发展型消费品价格变动幅度更大，而生存型消费品价格变动幅度更小。其中，对于家庭户主的年龄异质性，与户主年龄超过65岁的家庭相比，户主年龄在0~64岁区间的家庭购买生存型消费品价格变动幅度均更大，发展型与享受型消费品价格变动幅度均更小。由此对于家庭户主的年龄异质性，食品价格波动使户主年龄超过65岁的家庭购买生存型消费品价格变动幅度最小，而购买发展型与享受型消费品价格变动幅度最大。对于家庭的地区异质性，食品价格波动使中部地区家庭购买生存型与享受型消费品价格变动幅度最大，使东部地区家庭购买发展型消费品价格变动幅度最大。

综上所述，食品价格上涨使户主不同年龄与地区家庭购买三种层次消费品价格均上涨，且使中部地区户主年龄超过65岁的家庭购买三种层次消费品价格变动幅度最大。

三、食品价格波动对户主不同年龄与地区家庭消费结构的影响

（一）QUAIDS 模型

本章加入反映家庭所在地区和户主年龄的人口特征变量 Z_k

（$k = 1,2,3,4,5,6$）到 QUAIDS 模型中。当家庭在东部地区时，$Z_1 = 1$，否则 $Z_1 = 0$；当家庭在中部地区时，$Z_2 = 1$，否则 $Z_2 = 0$。当家庭在西部地区时，$Z_3 = 1$，否则 $Z_3 = 0$。当家庭户主年龄在 0~49 岁区间时，$Z_4 = 1$，否则 $Z_4 = 0$。当家庭户主年龄在 50~64 岁区间时，$Z_5 = 1$，否则 $Z_5 = 0$；当家庭户主年龄超过 65 岁时，$Z_6 = 1$，否则 $Z_6 = 0$。参考赵昕东和汪勇（2013）[14]，QUAIDS 模型为：

$$
w_i = \alpha_i + \sum_{j=1}^{8} \gamma_{ij}\ln p_j + (\beta_i + \eta_i^{'}z)\ln\left[\frac{m}{\overline{m_o}(z)a(p)}\right]
$$

$$
+ \frac{\lambda_i}{b(p)c(p,z)}\left\{\ln\left[\frac{m}{\overline{m_0}(z)a(p)}\right]\right\}^2 + \mu_i
$$

(7.2)

其中，w_i 为消费品 i 支出份额，消费品种类 $i = 1,\cdots,8$，消费品种类 $j = 1,\cdots,8$；α_i、β_i、γ_{ij}、λ_i、η_{2i} 和 ρ_2 均为待估参数；p 为消费品价格的向量，为表 7.2 中的结果；人口特征变量 z 反映家庭所在地区和户主年龄的差异，维度为 3，相应地 η_{2i} 和 η_{3i} 分别为 3×8 矩阵 η 的第 2 列和第 3 列；m 为家庭消费支出；$\overline{m_0}(z) = 1 + \rho_2^{'}z$；$\rho_2$ 和 ρ_3 为待估参数；$a(p)$ 为综合价格指数；$b(p)$ 为柯布道格拉斯价格集合指数；$c(p,z) = \prod_{j=1}^{8} p_j^{\eta_j^{'}z}$；$\mu_i$ 为随机干扰项。

我们将 w_i 分别对 $\ln m$ 和 $\ln p_j$ 求偏导得到：

$$
\mu_i = \frac{\partial w_i}{\partial \ln m} = \beta_i + \eta_i^{'}Z + \frac{2\lambda_i}{b(p)c(p,z)}\ln\left[\frac{m}{\overline{m_o}(z)a(p)}\right]
$$

(7.3)

$$u_{ij} = \frac{\partial w_i}{\partial \ln p_j} = \gamma_{ij} - w_i\ (e_i - 1)\ \left(\alpha_j = \sum_{j=1}^{8} \gamma_{ij} \ln p_j\right) -$$

$$\frac{(\beta_i + \eta'_i z)\ \lambda_i}{b\ (p)\ c\ (p,\ z)}\left\{\ln\left[\frac{m}{\overline{m_o}\ (z)\ a\ (p)}\right]\right\} \tag{7.4}$$

（二）参数估计

本章加入区域和年龄虚拟变量 Z_k（$k = 1,2,3,4,5,6$）到 QUAIDS 模型中。当家庭在东部地区时，$Z_1 = 1$，否则 $Z_1 = 0$；当家庭在中部地区时，$Z_2 = 1$，否则 $Z_2 = 0$。当家庭在西部地区时，$Z_3 = 1$，否则 $Z_3 = 0$；当家庭年龄在 0~49 岁时，$Z_4 = 1$，否则 $Z_4 = 0$。当家庭年龄在 50~64 岁时，$Z_5 = 1$，否则 $Z_5 = 0$；当家庭在超过 65 岁时，$Z_6 = 1$，否则 $Z_6 = 0$。本章运用 Poi（2012）[3] 建议的 INSUR 方法用于参数的估计。本章仅列出食品价格上涨 10% 时的结果，如表 7.4 所示。数据处理和分析软件为 Stata 13.1。

表 7.4 QUAIDS 模型参数估计结果

参数	系数	z 值	参数	系数	z 值	参数	系数	z 值
α_1	-0.413***	-4.56	γ_{43}	0.009	0.38	η_{15}	0.001	0.98
α_2	-0.046*	-1.73	γ_{53}	-0.155***	-8.33	η_{16}	-0.002***	-4.10
α_3	0.909***	13.75	γ_{63}	0.121***	6.47	η_{17}	0.000	0.65
α_4	0.092	1.19	γ_{73}	0.021	1.54	η_{18}	0.000	1.24
α_5	0.963***	14.53	γ_{83}	-0.026***	-4.10	η_{31}	0.000	-0.05
α_6	-0.473***	-7.64	γ_{44}	-0.036	-1.23	η_{32}	0.000	0.18
α_7	-0.045	-1.14	γ_{54}	0.015	0.76	η_{33}	0.003**	2.11
α_8	0.013	0.73	γ_{64}	0.006	0.51	η_{34}	0.000	0.30

续表

参数	系数	z值	参数	系数	z值	参数	系数	z值
β_1	0.269***	12.92	γ_{74}	-0.002	-0.17	η_{35}	-0.001	-0.66
β_2	0.033***	5.00	γ_{84}	0.023***	3.69	η_{36}	-0.004***	-4.60
β_3	-0.239***	-14.31	γ_{55}	-0.206***	-7.68	η_{37}	0.001**	2.49
β_4	0.005	0.25	γ_{65}	0.097***	5.76	η_{38}	0.000	-0.95
β_5	-0.226***	-14.09	γ_{75}	0.039***	3.77	η_{41}	-0.004**	-2.46
β_6	0.125***	7.98	γ_{85}	0.006	1.27	η_{42}	0.005***	15.16
β_7	0.035***	3.49	γ_{66}	-0.070***	-4.16	η_{43}	0.003***	2.82
β_8	-0.001	-0.27	γ_{76}	-0.016*	-2.38	η_{44}	-0.014***	-16.44
γ_{11}	-0.269***	-6.63	γ_{86}	0.000	0.13	η_{45}	-0.001	-1.49
γ_{21}	-0.016*	-1.90	γ_{77}	-0.004	-0.46	η_{46}	0.005***	6.37
γ_{31}	0.238***	8.71	γ_{87}	-0.006	-1.63	η_{47}	0.007***	15.56
γ_{41}	0.020	0.82	γ_{88}	0.002	0.55	η_{48}	0.000	1.55
γ_{51}	0.184***	7.81	λ_1	-0.020***	-18.14	η_{51}	-0.002	-1.27
γ_{61}	-0.129***	-7.69	λ_2	-0.002***	-6.14	η_{52}	0.003***	8.93
γ_{71}	-0.042***	-3.39	λ_3	0.017***	16.03	η_{53}	0.002*	1.86
γ_{81}	0.013**	2.25	λ_4	0.001	0.44	η_{54}	-0.009***	-11.00
γ_{22}	0.020***	3.72	λ_5	0.015***	15.26	η_{55}	0.001	1.56
γ_{32}	0.023**	2.45	λ_6	-0.007***	-6.67	η_{56}	0.000	0.20
γ_{42}	-0.037***	-3.94	λ_7	-0.003***	-4.77	η_{57}	0.006***	12.43
γ_{52}	0.019***	2.68	λ_8	0.000	0.96	η_{58}	0.000	-1.09
γ_{62}	-0.009*	-1.85	η_{11}	0.004***	3.05	ρ_1	-0.079	-1.48
γ_{72}	0.011**	2.13	η_{12}	-0.002***	-8.00	ρ_3	0.034	0.48
γ_{82}	-0.012***	-3.43	η_{13}	0.001	1.18	ρ_4	-0.282***	-4.43
γ_{33}	-0.231***	-6.40	η_{14}	-0.002**	-2.16	ρ_5	-0.217***	-3.27

注：＊＊＊、＊＊和＊分别表示在1%、5%和10%的水平上显著。

　　从表 7.4 可以看出，96 个回归参数中有 60 个（72.5%）参数估计值在 10% 的水平下显著。这是因为本章对有效家庭户主样本的选择产生的样本选择性偏误问题较大，从而使得回归参数不显著。其次，在消费支出二次项系数全为 0 的原假设下，Wald 检验结果中的 $\chi^2(7)$ 值为 1017.04，其统计显著性水平小于 1%，拒绝原假设。由此本章更适合构建消费支出二次项系数不全为 0 的 QUAIDS 模型研究食品价格波动对户主不同年龄与地区家庭消费的影响。如果接受原假设，本章应该构建消费支出二次项系数全为 0 的线性 AIDS 模型。这表明 QUAIDS 模型具有全局性特点，更适用于一般化的需求系统模型研究，这与范金 等（2011）[30] 得出的结论一致。最后，在东部地区家庭虚拟变量系数 $\eta_{1i}(i = 1,\cdots,8)$ 全为 0 的原假设下，Wald 检验结果中的 $\chi^2(8)$ 值为 125.01，其统计显著性水平小于 1%，拒绝原假设。且在西部地区虚拟变量系数 $\eta_{3i}(i = 1,\cdots,8)$ 全为 0 的原假设下，Wald 检验结果中的 $\chi^2(8)$ 值为 33.27，其统计显著性水平小于 1%，拒绝原假设。在户主年龄在 0～49 岁区间的家庭虚拟变量系数 $\eta_{4i}(i = 1,\cdots,8)$ 全为 0 的原假设下，Wald 检验结果中的 $\chi^2(8)$ 值为 656.16，其统计显著性水平小于 1%，拒绝原假设。且在户主年龄在 50～64 岁区间的家庭虚拟变量系数 $\eta_{5i}(i = 1,\cdots,8)$ 全为 0 的原假设下，Wald 检验结果中的 $\chi^2(8)$ 值为 302.28，其统计显著性水平小于 1%，拒绝原假设。由此不同地区家庭消费变动的年龄异质性显著。

（三）消费需求变动

1. 希克斯需求变动

由式（7.3）可以得到需求支出弹性为：

$$e_i = 1 + \frac{\mu_i}{w_i} \tag{7.5}$$

通过斯勒茨基（Slutsky）方程得到希克斯价格弹性为：

$$e_{ij}^c = \frac{\mu_{ij}}{w_i} - \delta_{ij} + e_i w_j \tag{7.6}$$

其中，当 $\delta_{ij} = 1$ 时，e_{ij}^c 为希克斯自价格弹性；当 $\delta_{ij} = 0$ 时，e_{ij}^c 为希克斯交叉价格弹性。

当食品价格变动不同幅度时，户主不同年龄与地区家庭对八种类型和三种层次消费品的希克斯需求变动为：

$$\Delta \ln Q_i = \sum_{i=1}^{8} \sum_{j=1}^{8} e_{ij}^c \Delta \ln p_i \tag{7.7}$$

其中，$\Delta \ln Q_i$ 为消费品 i 的希克斯需求变动。由于食品价格与家庭对八种类型和三种层次消费品的希克斯需求变动线性相关，表7.5 仅列出食品价格上涨 10% 的结果。其中，全国家庭对八种类型消费品的希克斯需求变动幅度为所有年龄和地区家庭对八种类型消费品的希克斯需求变动幅度的算术平均。全国及户主不同年龄与地区家庭对三种层次消费品的希克斯需求变动幅度为对应的家庭户主样本对各种类型消费品的希克斯需求变动幅度的算术平均。

表7.5 全国及户主不同年龄与地区家庭对八种类型和三种层次消费品的希克斯需求变动幅度（单位：%）

户主年龄	地区	食品	衣着鞋帽	家庭设备及日用品	医疗保健	居住	文教娱乐	交通通信	其他消费品	生存型消费品	享受型消费品	发展型消费品
0岁以上	全国	-5.000	-0.303	3.814	0.684	5.812	1.807	6.094	2.114	-2.651	2.964	3.599
	东部	-4.827	0.408	4.196	0.740	6.154	1.960	6.313	2.672	-2.210	3.434	3.792
	中部	-5.012	-0.358	3.531	0.847	5.774	2.311	6.173	2.105	-2.685	2.818	3.776
	西部	-5.187	-0.621	3.088	0.467	5.137	1.921	5.634	1.312	-2.904	2.200	3.290
0~49岁	全国	-4.836	0.345	3.000	-1.294	5.098	2.734	6.053	2.127	-2.246	2.564	3.148
	东部	-5.322	1.495	5.280	1.221	4.143	3.098	5.576	0.906	-1.914	3.093	3.510
	中部	-5.146	0.412	3.933	1.576	3.171	3.553	5.616	0.336	-2.367	2.135	3.479
	西部	-5.548	0.089	4.429	1.866	3.535	3.018	5.231	-1.055	-2.730	1.687	3.413
50~64岁	全国	-5.105	-0.303	3.911	0.913	5.865	1.600	5.873	1.971	-2.704	2.941	3.563
	东部	-4.620	-0.603	3.433	-0.374	6.788	1.998	6.186	3.094	-2.612	3.264	3.650
	中部	-4.878	-0.890	3.274	-0.091	6.954	2.168	5.981	2.713	-2.884	2.994	3.753
	西部	-5.024	-1.358	2.141	-0.394	5.652	1.873	5.461	2.104	-3.191	2.123	3.148
超过65岁	全国	-5.031	-1.289	5.160	2.433	6.841	0.316	6.519	2.497	-3.160	3.829	4.027
	东部	-4.250	-1.732	3.592	1.468	7.688	-1.844	8.507	5.688	-2.991	4.640	3.955
	中部	-4.666	-1.543	2.969	1.240	7.479	0.400	7.671	4.926	-3.105	3.948	4.198
	西部	-4.677	-1.541	2.588	0.537	6.447	-0.772	6.620	4.393	-3.109	3.491	3.208

从横向来看，食品价格上涨 10% 会使全国及户主不同年龄与地区家庭减少对食品和衣着鞋帽的希克斯需求，从而减少对生存型消费品的希克斯需求；再者，食品价格上涨 10% 会使全国及户主不同年龄与地区家庭增加对家庭设备及日用品与其他消费品的希克斯需求，从而增加对享受型消费品的希克斯需求；最后，食品价格上涨 10% 会使全国及户主不同年龄与地区家庭增加对医疗保健、居住、文教娱乐以及交通通信的希克斯需求，从而增加对发展型消费品的希克斯需求。且与享受型消费品相比，食品价格上涨 10% 大多使全国及户主不同年龄与地区家庭对发展型消费品的希克斯需求变动幅度更大，对生存型消费品的希克斯需求变动幅度更小。由于 QUAIDS 模型结果的对称性，食品价格波动使全国及户主不同年龄与地区家庭对生存型消费品希克斯需求影响的挤出效应显著，而对享受型和发展型消费品希克斯需求影响的财富效应显著，且影响程度从大到小排序大多为发展型消费品、享受型消费品、生存型消费品。因此，食品价格上涨有利于户主不同年龄与地区家庭的希克斯消费结构升级，而食品价格下降不利于户主不同年龄与地区家庭的希克斯消费结构升级。且与享受型消费品相比，食品价格波动大多使全国及户主不同年龄与地区家庭对发展型消费品的希克斯需求变动幅度更大，对生存型消费品的希克斯需求变动幅度更小。

从纵向来看，对于家庭户主的年龄异质性，与户主年龄在 50 ~ 64 岁区间的家庭相比，食品价格上涨 10% 会使户主年龄在 0 ~

49 岁区间的家庭对生存型消费品的希克斯需求下降得更少，对享受型和发展型消费品的希克斯需求增加得更少。而食品价格上涨10% 会使户主年龄超过 65 岁的家庭对生存型消费品的希克斯需求下降得更多，对享受型和发展型消费品的希克斯需求增加得更多。由此食品价格上涨有利于户主不同年龄家庭的希克斯消费需求升级，且对年龄超过 65 岁家庭的希克斯消费需求升级最有利。对于家庭的地区异质性，与中部地区家庭相比，食品价格上涨10% 会使东部地区家庭对生存型消费品的希克斯需求下降得更少，对享受型和发展型消费品的希克斯需求增加得更多。而食品价格上涨 10% 会使西部地区家庭对生存型消费品的希克斯需求下降得更多，对享受型和发展型消费品的希克斯需求增加得更少。由此食品价格上涨有利于不同地区家庭的希克斯消费需求升级，且对东部地区家庭的希克斯消费需求升级最有利。

综上所述，食品价格上涨有利于户主不同年龄与地区家庭的希克斯消费结构升级，且对东部地区户主年龄超过 65 岁家庭的希克斯消费结构升级最有利。

2. 马歇尔需求变动

由式（7.4）可以得到马歇尔价格弹性为：

$$e_{ij}^{u} = \frac{\mu_{ij}}{w_i} - \delta_{ij} \tag{7.8}$$

其中，δ_{ij} 为克罗内克乘数（Kronecker Product），即当 $i = j$ 时，$\delta_{ij} = 1$，否则 $\delta_{ij} = 0$。

当食品价格变动不同幅度时，户主不同年龄与地区家庭对八种类型和三种层次消费品的马歇尔需求变动为：

$$\Delta \ln Q_i = \sum_{i=1}^{8} \sum_{j=1}^{8} e_{ij}^{u} \Delta \ln p_i \qquad (7.9)$$

其中，$\Delta \ln Q_i$ 为消费品 i 的马歇尔需求变动。由于食品价格与家庭对八种类型和三种层次消费品的希克斯需求变动线性相关，表 7.6 仅列出食品价格上涨 10% 的结果。其中，全国家庭对八种类型消费品的马歇尔需求变动幅度为所有年龄和地区家庭对八种类型消费品的马歇尔需求变动幅度的算术平均。全国及户主不同年龄与地区家庭对三种层次消费品的马歇尔需求变动幅度为对应的家庭户主样本对各种类型消费品的马歇尔需求变动幅度的算术平均。

表 7.6 全国及户主不同年龄与地区家庭对八种类型和三种层次消费品的马歇尔需求变动幅度 （单位:%）

户主年龄	地区	食品	衣着鞋帽	家庭设备及日用品	医疗保健	居住	文教娱乐	交通通信	其他消费品	生存型消费品	享受型消费品	发展型消费品
0岁以上	全国	-8.911	-4.116	-1.814	-3.821	0.636	-3.754	2.277	-2.824	-6.514	-2.319	-1.166
	东部	-9.037	-3.609	-1.685	-4.017	0.764	-3.897	2.324	-2.532	-6.323	-2.109	-1.207
	中部	-8.809	-4.352	-2.380	-3.617	0.465	-2.937	2.483	-2.989	-6.581	-2.685	-0.902
	西部	-8.650	-4.160	-2.245	-3.686	0.242	-2.946	1.869	-3.201	-6.405	-2.723	-1.130
0~49岁	全国	-8.448	-3.621	-2.900	-5.402	-0.335	-2.188	2.264	-2.870	-6.035	-2.885	-1.415
	东部	-9.231	-2.208	-0.524	-3.484	-1.562	-1.997	1.809	-4.311	-5.720	-2.418	-1.309
	中部	-8.558	-3.336	-2.389	-2.865	-2.805	-0.841	2.085	-4.877	-5.947	-3.633	-1.107
	西部	-8.945	-3.138	-1.073	-2.550	-1.675	-1.490	1.600	-5.692	-6.042	-3.383	-1.029
50~64岁	全国	-8.987	-4.119	-1.719	-3.564	0.742	-3.896	1.908	-2.912	-6.553	-2.316	-1.203
	东部	-8.824	-4.606	-2.553	-5.072	1.501	-4.191	2.295	-2.032	-6.715	-2.293	-1.367
	中部	-8.790	-4.988	-2.605	-4.505	1.922	-3.576	2.344	-2.284	-6.889	-2.445	-0.954
	西部	-8.380	-4.922	-3.264	-4.320	0.891	-3.061	1.874	-2.229	-6.651	-2.747	-1.154
超过65岁	全国	-9.535	-4.836	0.043	-2.639	1.940	-6.662	2.811	-2.442	-7.186	-1.200	-1.138
	东部	-9.069	-5.845	-1.569	-3.913	2.707	-9.784	4.245	0.649	-7.457	-0.460	-1.686
	中部	-8.875	-5.881	-2.037	-3.517	2.841	-6.205	3.561	-0.036	-7.378	-1.037	-0.830
	西部	-8.456	-5.502	-2.201	-3.835	1.720	-6.765	2.392	-0.137	-6.979	-1.169	-1.622

　　从横向来看，食品价格上涨10%会使全国及户主不同年龄与地区家庭减少对食品和衣着鞋帽的马歇尔需求，从而减少对生存型消费品的马歇尔需求；再者，食品价格上涨10%会使全国及户主不同年龄与地区家庭增加对家庭设备及日用品与其他消费品的马歇尔需求，从而增加对享受型消费品的马歇尔需求；最后，食品价格上涨10%会使全国及户主不同年龄与地区家庭增加对居住和交通通信的马歇尔需求，但减少对医疗保健和文教娱乐的马歇尔需求，从而减少对发展型消费品的马歇尔需求。且与享受型消费品相比，食品价格上涨不同幅度大多使全国及户主不同年龄与地区家庭对生存型消费品的马歇尔需求下降幅度更大，对发展型消费品的马歇尔需求下降幅度更小。由于 QUAIDS 模型结果的对称性，食品价格波动使全国及户主不同年龄与地区家庭对三种层次消费品马歇尔需求影响的挤出效应显著，且挤出效应从大到小排序大多为生存型消费品、享受型消费品、发展型消费品。因此，食品价格上涨不利于户主不同年龄与地区家庭的马歇尔消费结构升级，而食品价格下降有利于户主不同年龄与地区家庭的马歇尔消费结构升级。且与享受型消费品相比，食品价格波动大多使全国及户主不同年龄与地区家庭对生存型消费品的马歇尔需求变动幅度更大，对发展型消费品的马歇尔需求变动幅度更小。

　　从纵向来看，与户主年龄在 0～49 岁区间的家庭相比，食品价格上涨10%会使户主年龄超过 50 岁的家庭对生存型消费品的马歇尔需求下降得更多，而对发展型和享受型消费品的马歇尔需求下降得更少。由此对于家庭户主的年龄异质性，食品价格上涨不利于户主不同年龄家庭的马歇尔消费需求升级，且对户主年龄在 0 ~ 49 岁区间家庭的马歇尔消费需求升级最不利。进一步地，对于户主年龄在 0 ~ 49 岁区间的家庭，与东部地区家庭相比，食品价格上涨 10% 会使中西部地区家庭对生存型和享受型消费品的马歇尔需求下降得更多，而对发展型消费品的马歇尔需求下降得更少。由此对于户主年龄在 0 ~ 49 岁区间的家庭，食品价格上涨不利于不同地区家庭的马歇尔消费需求升级，且对东部地区家庭的马歇尔消费需求升级最不利。

综上所述，食品价格上涨不利于户主不同年龄与地区家庭的马歇尔消费结构升级，且对东部地区户主年龄在 0 ~ 49 岁区间家庭的马歇尔消费结构升级最不利。

四、食品价格波动对户主不同年龄与地区家庭福利的影响

本章利用补偿变动方法研究食品价格波动对户主不同年龄与地区家庭福利的影响。补偿变动为：

$$CV = E(p^1, u^0) - E(p^1, u^1) = E(p^1, V(p^0, m)) - m \qquad (7.10)$$

对支出函数 $E(p, u)$ 进行二阶 Taylor 展开得到：

$$\Delta\ln E = \sum_{i=1}^{8} w_i \Delta\ln p_i + \frac{1}{2} \sum_{i=1}^{8} \sum_{j=1}^{8} w_i e_{ij}^c \Delta\ln p_i \Delta\ln p_j \qquad (7.11)$$

其中，$\Delta\ln E$ 为食品价格变动不同幅度后，政府需对家庭补偿的货币收入变动，以保持家庭效用不变。由于食品价格与家庭福

利变动线性相关，表7.7仅列出食品价格上涨10%的结果。其中，全国家庭补偿变动、直接福利损失和间接福利损失变动幅度为所有年龄和地区家庭补偿变动、直接福利损失和间接福利损失变动幅度的算术平均。户主不同年龄家庭补偿变动、直接福利损失和间接福利损失变动幅度为户主相同年龄但不同地区家庭的补偿变动、直接福利损失和间接福利损失变动幅度的算术平均。

表7.7 户主不同年龄与地区家庭福利变动情况（单位:%）

户主年龄	地区	福利损失	10%	户主年龄	地区	福利损失	10%
0岁以上	全国	补偿变动	4.361	50~64岁	全国	补偿变动	4.328
		直接福利损失	4.457			直接福利损失	4.425
		间接福利损失	-0.096			间接福利损失	-0.097
	东部	补偿变动	4.592		东部	补偿变动	4.582
		直接福利损失	4.690			直接福利损失	4.676
		间接福利损失	-0.098			间接福利损失	-0.094
	中部	补偿变动	4.337		中部	补偿变动	4.364
		直接福利损失	4.431			直接福利损失	4.456
		间接福利损失	-0.094			间接福利损失	-0.092
	西部	补偿变动	4.013		西部	补偿变动	3.916
		直接福利损失	4.105			直接福利损失	4.003
		间接福利损失	-0.091			间接福利损失	-0.087

户主年龄	地区	福利损失	10%	户主年龄	地区	福利损失	10%
0~49岁	全国	补偿变动	4.246	超过65岁	全国	补偿变动	4.651
		直接福利损失	4.336			直接福利损失	4.755
		间接福利损失	-0.089			间接福利损失	-0.104
	东部	补偿变动	4.401		东部	补偿变动	4.955
		直接福利损失	4.503			直接福利损失	5.049
		间接福利损失	-0.102			间接福利损失	-0.094
	中部	补偿变动	4.225		中部	补偿变动	4.515
		直接福利损失	4.317			直接福利损失	4.607
		间接福利损失	-0.092			间接福利损失	-0.092
	西部	补偿变动	4.017		西部	补偿变动	4.203
		直接福利损失	4.114			直接福利损失	4.291
		间接福利损失	-0.097			间接福利损失	-0.088

食品价格上涨10%使户主不同年龄与地区家庭直接福利损失和补偿变动幅度均上涨，间接福利损失均下降。由此食品价格上涨使户主不同年龄与地区家庭直接福利损失和补偿变动幅度均上涨，间接福利损失均下降，福利进一步恶化（或改善）。其中，对于家庭户主的年龄异质性，与户主年龄超过65岁的家庭相比，户主年龄在0~64岁区间的家庭补偿变动、直接福利损失和间接福利损失变动幅度均更小。由此对于家庭户主的年龄异质性，户主年龄超过65岁的家庭补偿变动、直接福利损失和间接福利损失变动幅度最大。对于家庭的地区异质性，与东部地区家庭相比，

中西部地区家庭补偿变动、直接福利损失和间接福利损失变动幅度均更小。由此对于家庭的地区异质性，东部地区家庭补偿变动、直接福利损失和间接福利损失变动幅度最大。

因此，食品价格上涨不利于户主不同年龄与地区家庭福利，且对东部地区户主年龄超过 65 岁的家庭福利最不利。其中，食品价格上涨 10% 使东部地区户主年龄超过 65 岁的家庭补偿变动、直接福利损失和间接福利损失变动幅度分别为 4.955%、5.049% 和 0.094%。为了提高家庭福利，政府应该首先稳定东部地区户主年龄超过 65 岁的家庭食品价格。

五、本章小结

为了解决 QUAIDS 模型中消费品价格数据不易得到的难题，本文利用 25 个省（自治区和直辖市）的 2012 年地区投入产出表，估计投入产出价格模型得到消费品价格数据，通过算术平均得到户主不同年龄与地区家庭购买八种类型和三种层次消费品价格的变动幅度。投入产出价格模型研究结果表明食品价格上涨使户主不同年龄与地区家庭购买三种层次消费品价格均上涨，且使中部地区户主年龄超过 65 岁的家庭购买三种层次消费品价格变动幅度最大。

然后，本文加入反映家庭所在地区和户主年龄的虚拟变量到 QUAIDS 模型中。QUAIDS 模型研究结果表明：（1）食品价格上涨有利于户主不同年龄与地区家庭的希克斯消费结构升级，且对东部地区户主年龄超过 65 岁家庭的希克斯消费结构升级最有利。（2）食品价格上涨不利于户主不同年龄与地区家庭的马歇尔消费结构升级，且对东部地区户主年龄在 0～49 岁区间家庭的马歇尔消费结构升级最不利。

在此基础上，本文利用补偿变动方法研究食品价格波动对户主不同年龄与地区家庭福利的影响。福利分析结果表明食品价格上涨不利于户主不同年龄与地区家庭福利，且对东部地区户主年龄超过 65 岁的家庭福利最不利。其中，食品价格上涨 10% 使东部地区户主年龄超过 65 岁的家庭补偿变动、直接福利损失和间接福利损失变动幅度分别为 4.955%、5.049% 和 0.094%。

综上所述，为了优化消费结构和提高福利，政府应该重点关注东部地区户主年龄超过 65 岁的家庭。

第八章

结论、政策建议及研究展望

本书研究食品价格波动对家庭消费的异质性影响。首先，本章基于实证研究整理本文的主要研究结论；然后，本章基于实证研究结果提出调控食品市场，以扩大内需的政策建议；最后，本章进一步指出研究不足与展望。

一、主要研究结论

为了解决25个省（自治区和直辖市）八种类型消费品价格数据不能得到的难题，本书第四至七章利用25个省（自治区和直辖市）的地区投入产出表，构建投入产出价格模型分别经验研究25个省（自治区和直辖市）食品价格变动不同幅度对八种类型和三种层次消费品价格的影响。投入产出价格模型研究结果表明食品价格与八种类型和三种层次消费品价格之间存在着较为稳定的正向关系。其中，与发展型消费品相比，享受型消费品价格变动幅度更大，而生存型消费品价格变动幅度更小。

按照国家统计局城乡分类，本书第四章将家庭所在地区划分为城市和乡村。本书第四章在 QUAIDS 模型中加入反映家庭所在地区的人口特征变量，并运用 INSUR 方法用于参数的估计。参数估计结果表明本书第四章更适合构建消费支出二次项系数不全为 0 的 QUAIDS 模型研究食品价格波动对城乡家庭消费的影响。QUAIDS 模型研究结果表明：（1）食品价格上涨有利于城乡家庭的希克斯消费结构升级，且对乡村家庭的马歇尔消费结构升级更有利。（2）食品价格上涨不利于城乡家庭的马歇尔消费结构升级，且对乡村家庭的马歇尔消费结构升级更不利。

本书第四章在投入产出价格模型和 QUAIDS 模型结果基础上，进一步运用补偿变动方法研究食品价格波动对城乡家庭福利的影响。福利分析结果表明：（1）随着食品价格变动幅度的增加，城乡家庭直接福利损失、间接福利损失和补偿变动的变化幅度均会增加，从而使得城乡家庭福利的恶化（或改善）程度越来越大。（2）随着食品价格变动幅度的增加，与城市家庭相比，乡村家庭间接福利损失绝对值多增加的幅度越来越大，直接福利损失和补偿变动多变化的幅度也越来越大，城乡家庭之间直接福利损失、间接福利损失和补偿变动的变化存在显著的地区异质性。

参照《国民经济行业分类》中对行业的分类方法，本书第五章将家庭户主所从事的行业分为三大类，分别为第一产业、第二产业和第三产业。本书第五章在 QUAIDS 模型中加入反映家庭户主所从事行业的人口特征变量，并运用 INSUR 方法用于参数的估计。参数估计结果表明本书第五章更适合构建消费支出二次项系数不全为 0 的 QUAIDS 模型研究食品价格波动对家庭消费的行业异质性影响。QUAIDS 模型研究结果表明：（1）食品价格上涨有利于户主从事不同行业家庭的希克斯消费结构升级，且对户主从事第一产业家庭的希克斯消费结构升级最有利。（2）食品价格上涨不利于户主从事不同行业家庭的马歇尔消费结构升级，且对户主从事第三产业家庭的马歇尔消费结构升级最不利。

本书第五章在投入产出价格模型和 QUAIDS 模型结果基础上，进一步运用补偿变动方法研究食品价格波动对家庭福利的行业异质性影响。福利分析结果表明食品价格与户主从事不同行业家庭间接福利损失成反比，而与户主从事不同行业家庭直接福利损失和补偿变动成正比。食品价格变动不同幅度会使户主所从事行业为第二产业家庭间接福利损失和补偿变动的变化幅度最大。为了提高家庭的生活质量和促进和谐社会发展，政府应该首先稳定户主所从事行业为第二产业家庭食品价格。并且，当面对优化家庭消费结构的问题时，政府应该根据户主从事不同行业家庭之间的差异划分市场。

本书第六章将家庭户主学历划分为三大类：初等教育，中等教育，高等教育。本书第六章在 QUAIDS 模型中加入反映家庭户主学历的人口特征变量，并运用 INSUR 方法用于参数的估计。参数估计结果表明本书第六章更适合构建消费支出二次项系数不全为 0 的 QUAIDS 模型研究食品价格波动对家庭消费的学历异质性影响。QUAIDS 模型研究结果表明：（1）食品价格上涨有利于户主接受不同层次教育家庭的希克斯消费结构升级，且对户主接受中等教育家庭的希克斯消费结构升级最有利。（2）食品价格上涨不利于户主接受不同层次教育家庭的马歇尔消费结构升级，且对户主接受高等教育家庭的马歇尔消费结构升级最不利。

本书第六章在投入产出价格模型和 QUAIDS 模型结果基础上，进一步运用补偿变动方法研究食品价格波动对家庭福利的学历异质性影响。福利分析结果表明食品价格上涨不同幅度会提高户主接受不同层次教育家庭的补偿变动。且食品价格上涨幅度越大，户主接受不同层次教育家庭的补偿变动上涨的幅度也会越大，不利于家庭福利的改善。反之，食品价格下降幅度越大，户主接受不同层次教育家庭的补偿变动下降的幅度也会越大，有利于家庭福利的改善。户主接受不同层次教育家庭补偿变动与食品价格变动的方向相同，且变动幅度最大的是户主接受中等教育的家庭；户主接受高等教育的家庭次之；最小的则是户主接受初等教育的家庭。为了提高家庭的生活质量和促进和谐社会发展，政府应该首先稳定户主接受中等教育的家庭食品价格。

本书第七章将家庭户主年龄划分为三大类，分别为 0~49 岁、50~64 岁、超过 65 岁。参考国家统计局对东中西部地区的划分方法，本书第七章将 25 个省（自治区和直辖市）划分为东中西部地区。本书第七章在 QUAIDS 模型中加入反映家庭所在地区和户主年龄的人口特征变量，并运用 INSUR 方法用于参数的估计。

参数估计结果表明本书第七章更适合构建消费支出二次项系数不全为 0 的 QUAIDS 模型研究食品价格波动对户主不同年龄与地区家庭消费的影响。QUAIDS 模型研究结果表明：（1）食品价格上涨有利于户主不同年龄与地区家庭的希克斯消费结构升级，且对东部地区户主年龄超过 65 岁家庭的希克斯消费结构升级最有利。（2）食品价格上涨不利于户主不同年龄与地区家庭的马歇尔消费结构升级，且对东部地区户主年龄在 0～49 岁区间家庭的马歇尔消费结构升级最不利。

本书第七章在投入产出价格模型和 QUAIDS 模型结果基础上，进一步运用补偿变动方法研究食品价格波动对户主不同年龄与地区家庭福利的影响。福利分析结果表明食品价格不同变动幅度的增加会使家庭补偿变动、直接福利损失和间接福利损失的绝对值上涨幅度也同比例增加，福利进一步恶化（或改善）。为了提高家庭的生活质量和促进和谐社会发展，政府应该根据家庭所在不同地区以及户主不同年龄差异划分市场，且首先稳定户主年龄超过 65 岁且东部地区家庭食品价格。

二、政策建议

由于 GDP 告别两位数的增长率，我国经济进入次高增长的新常态阶段。食品价格波动对家庭消费异质性影响研究的落脚点就是调控食品市场，以扩大内需。本书基于实证研究结果提出调控食品市场，以扩大内需的政策建议。

根据第四章研究结论提出的政策建议为：

（1）与城市家庭相比，食品价格波动使乡村家庭购买其他七大类和三种层次的消费品价格、对发展型消费品的希克斯需求、对三种层次消费品的马歇尔需求、直接福利损失、间接福利损失绝对值、补偿变动的变化幅度均更大。因此，为了提高人民生活水平和促进经济平稳快速增长，政府应该把稳定乡村家庭食品价格放在首位。

（2）城乡家庭购买消费品价格、对三种层次消费品的希克斯和马歇尔需求、直接福利损失、间接福利损失以及补偿变动的变化均存在显著的地区异质性。因此，当遇到如何促进消费结构升级问题时，政府应该根据城乡家庭之间的地区差异划分市场。

（3）食品价格上涨有利于城乡家庭的希克斯消费结构升级，且对乡村家庭的希克斯消费结构升级更有利。但过快的食品价格上涨会极大地恶化城乡家庭福利。因此，为了促进城乡家庭消费结构升级，政府应该对食品价格上涨适度微调，重点调控上涨速度快的食品价格。

根据第五章研究结论提出的政策建议为：

（1）完善食品价格调控机制。当市场上食品价格出现急剧变动时，政府应该对户主所从事行业为第一产业家庭采用价格补贴、转移支付等补偿措施；严格打击炒高农产品价格的行为，对此行为进行严厉惩罚。

（2）健全社会保障制度。政府应该建立责任明确、操作性强、形式科学的价格指数与生活费用挂钩联动机制，确保户主从事不同行业家庭在食品价格大幅波动时能保障基本生活需要。同时，将分配政策制定的更加合理，使户主从事不同行业家庭的工资随着经济发展水平的提高而相应的增长。

（3）提高第二产业工作人员的薪资水平。政府增加第二产业工作人员的培训计划和拓展机会，使他们的技能增强，可以获得更好的薪资报酬。同时也可以促进第二产业人员的转型，或者促进社会阶层的纵向流动，提高他们的风险承受能力。

根据第六章研究结论提出的政策建议为：

针对食品价格上涨的问题，政府应该积极应对，采取有效的措施。要根据我国的实际情况有效的借助国外经验，首先要稳定食品供应，关注粮食、猪肉等在家庭消费中占比较大的食品的价格波动，确保其能正常供给。其次要建立健全的社会救助制度，完善救助标准性，提高援助精准度，使其发挥最大效用。对于教育，政府应提高财政性教育支出，使教育投入与我国社会、经济发展水平相适应。保证对全国学校教育水平基本不变的情况下，加大对弱势学校的教育关注，扩大奖学金的覆盖范围的同时也要保证奖学金的有效性，能对家庭困难的学生给予最大的帮助。政府应该加大对九年义务教育制度的执行力度，完善国内中等教育、高等教育的教学机制，在确保国民平均受教育水平达到基本教育的前提下，提高国民整体的受教育水平。现如今，随着全面素质教育的实施，会越来越觉得教育不仅仅是政府、学校的责任，更是每个家庭的责任。家庭应该认识到教育的重要性，在家庭能力范围内增加对教育的投入，以期待改善家庭的整体消费结构。

根据第七章研究结论提出的政策建议为：

为了优化家庭消费结构，政府要进一步完善养老保障体系。健全的养老保障体系为提高家庭生活质量提供良好的条件。否则，家庭只会因为老年人的预期健康问题、看病问题、子孙的教育投资进行被动地储蓄。养老保障体系的建设主体中最关键的在于政府。政府应该对养老体系进行查漏补缺，在现有的框架内对特殊家庭提供保障，扶持和鼓励老年人口消费。

三、研究不足与展望

本书的研究不足与展望具体为以下三个方面：

（1）本书第四至七章构建 QUAIDS 模型进行研究，未来应该构建分位数回归等不同模型进行研究和比较，从而显现出本文所构建模型的优势；然后，本书第四至七章构建投入产出价格模型和 QUAIDS 模型研究食品价格波动对家庭消费异质性的对称性影响，未来应该构建非线性门限向量自回归 TVAR（Threshold Vector Auto Regressive）等模型研究食品价格波动对家庭消费异质性的非对称性影响。

（2）在投入产出分析方面，本书第四至七章仅研究食品价格波动对地区投入产出表中最终消费支出的家庭消费的影响，但没有考虑对政府消费的影响。进一步分别构建时间序列模型研究食品价格波动对资本形成总额和出口等最终需求各个部分的影响，进而研究对地区投入产出表中各个产业产出的影响是未来需要进一步研究的内容之一。

（3）本书第七章从地区食品经济发展水平，按照国家统计局分类方法将25个省（自治区和直辖市）划分为东中西部地区，以研究食品价格波动对户主不同年龄与地区家庭消费的影响。未来应该采用聚类分析方法从房价收入比和人口年龄等方面划分不同省（自治区和直辖市）或者城市，以更好地研究食品价格波动对户主不同年龄与地区家庭消费的影响。

参考文献

[1] 张丹. 食品价格变动对城乡居民消费行为的影响——基于 2012 年中国社会核算矩阵分析 [J]. 财经科学, 2015 (10): 132 – 140.

[2] 梁亚民, 韩君. 房价波动对物价水平影响的动态模拟 [J]. 统计研究, 2014, 31 (2): 75 – 80.

[3] Brian P. Poi. Easy demand – system estimation with quaids [J]. Stata Journal, 2012, 12 (3): 433 – 446.

[4] Ackah C, Appleton S. Food price changes and consumer welfare in Ghana in the 1990s [R]. CREDIT Research Paper, 2007.

[5] Kodithuwakku S S, Weerahewa J. Coping with food price hikes: strategies of the poor in Kandy, Sri Lanka [R]. ARTNeT Working Paper Series, 2011.

[6] Alem Y, Söderbom M. Household – level consumption in ur-

ban Ethiopia: the effects of a large food price shock [J]. World Development, 2012, 40 (1): 146 - 162.

[7] Demeke M, Rashid S. Welfare impacts of rising food prices in rural Ethiopia: a Quadratic almost idealdemand system approach [J]. 2012.

[8] Magana - Lemus D, Isdorj A, Rosson C. Welfare impacts of increasing food prices in Mexico: an application of unrestricted Engel curves and LA/EASI demand system [C] //SAEA Annual Meeting in Its series 2013 Annual Meeting with. 2013 (143057).

[9] Yousif I E A K, Al - Kahtani S H. Effects of high food prices on consumption pattern of Saudi consumers: A case study of Al Riyadh city [J]. Journal of the Saudi Society of Agricultural Sciences, 2014, 13 (2): 169 - 173.

[10] 冯立新, 刘保军. 人均食品消费支出增长与食品价格上涨的相关分析 [J]. 中国农村观察, 1989 (6): 23 - 29.

[11] 蔡丽婷. 食品价格波动对不同收入群体消费影响研究 [J]. 指数研究, 2016, (02): 72 - 174。

[12] 王宋涛, 王健. 食品价格增长对我国居民生活水平影响的实证分析——省际面板数据 (1996~2010) [J]. 北方经济, 2012 (12): 13 - 14.

[13] 尹兰田. 食品价格波动对我国城镇居民消费结构的影响研究 [D]. 长春: 吉林大学, 2013.

[14] 赵昕东，汪勇. 食品价格上涨对不同收入等级城镇居民消费行为与福利的影响——基于 QUAIDS 模型的研究 [J]. 中国软科学，2013，(08)：154－162。

[15] 陈晓毅. 食品价格波动对城镇不同收入群体消费结构影响研究——基于 ARDL 模型 [J]. 价格理论与实践，2014 (4)：81－82.

[16] 赵涤非，郭媛，万晓燕. 我国农村食品价格传导与食品消费的实证分析——基于新的贸易开放度测算方法 [J]. 经济学动态，2014 (9)：47－55.

[17] 蔡丽婷. 食品价格波动对不同收入群体消费影响研究——基于福建省城镇居民收入消费现状的分析 [J]. 价格理论与实践，2015 (2)：72－74.

[18] 马敬桂，李静. 食品价格波动对居民消费行为影响研究 [J]. 统计与决策，2015 (22)：94－97.

[19] 王小叶. 食品价格上涨的成因与对城镇居民福利的影响研究 [D]. 泉州：华侨大学，2015.

[20] 杨天宇，张品一. 食品价格上涨对我国城镇各阶层居民社会福利的不同影响 [J]. 产经评论，2015，6 (03)：125－139.”

[21] 韩啸，胡冰川，齐皓天，等. 食品价格变化对中国农村居民消费行为与福利影响研究 [J]. 价格理论与实践，2016 (6)：100－103.

［22］赵昕东，王小叶.食品价格上涨对城镇家庭消费与福利影响研究——基于 EASI 模型［J］.财经研究，2016，42（3）：51－68.

［23］张品一.食品价格上涨对我国农村异质性家庭福利的影响——基于 CHNS 数据的实证研究［J］.中国经济问题，2017（1）：99－110.

［24］韩建雨，刘杨含.安徽省食品价格波动对城乡居民消费需求的影响机制及对策［J］.齐齐哈尔大学学报（哲学社会科学版），2018（2）：74－76.

［25］韩建雨，刘杨含.安徽省食品价格波动对城乡居民消费需求的影响［J］.合作经济与科技，2018（3）：28－29.

［26］孙坚强，徐瑶铿，杨科.我国食品价格的传导机制：成本传递与需求反馈［J］.华南理工大学学报（社会科学版），2018，20（3）：7－17.

［27］Zheng Z. Food demand in urban China［D］. Oklahoma State University，2008.

［28］Obayelu，A. E.，V. O. Okoruwa and O. I. Y. Ajani. Cross－sectional analysis of food demand in the North Central，Nigeria：The quadratic almost ideal demand system（QUAIDS）approach［J］. China agricultural economic review，2009，1（2）：173－193.

［29］Blundell R.，Lewbel A.，Banks J. et al. Quadratic engel curves and consumer demand［J］. Review of Economics & Statistics，

1997, 79 (4): 527 –539.

[30] 范金, 王亮, 坂本博. 几种中国农村居民食品消费需求模型的比较研究 [J]. 数量经济技术经济研究, 2011 (5): 64 –77.

[31] Cranfield J, Haq Z. What impact has food price inflation had on consumer welfare? A global analysis [C] //Contributed paper at the 2010 AARES Conference. 2010: 1 –15.

[32] Azzam A M, Rettab B. A welfare measure of consumer vulnerability to rising prices of food imports in the UAE [J]. Food Policy, 2012, 37 (5): 554 –560.

[33] 周大超, 朱玉春. 消费品价格波动对农村居民消费支出及福利的影响 [J]. 贵州农业科学, 2013, 41 (7): 212 –217.

[34] Osei – Asare Y B, Eghan M. Food price inflation and consumer welfare in Ghana [J]. International Journal of Food and Agricultural Economics, 2013, 1 (1): 27 –39.

[35] 苗珊珊. 粮食价格波动对农村与城镇人口福利变动的影响差异分析 [J]. 财贸研究, 2014 (5): 46 –53.

[36] 苗珊珊. 中国粮食价格波动的农户福利效应研究 [J]. 资源科学, 2014, 36 (2): 370 –378.

[37] 同海梅, 陆迁. 论粮食价格波动对城镇居民的福利影响 [J]. 西北农林科技大学学报 (社会科学版), 2014 (3): 100 –105.

［38］罗超平，牛可，但斌．粮食价格、农业补贴与主产区农户福利效应［J］．宏观经济研究，2017（4）：122－135.

［39］罗超平，牛可，张梓榆，但斌．粮食价格波动与主产区农户福利效应——基于主产区省际面板数据的分析［J］．中国软科学，2017（2）：37－53.

［40］李军．中国居民消费可持续发展研究［D］．长春：东北师范大学，2012.

［41］乔红芳，魏世勇．异质结构视角下福建省扩大消费的差异化机制构建——基于 LA—AIDS 模型的实证分析［J］．福建论坛（人文社会科学版），2014（3）：140－144.

［42］吕建兴，毛学峰，曾寅初．食品价格冲击对核心 CPI 的传递效应——基于 3 种核心 CPI 的比较研究［J］．经济理论与经济管理，2017，V36（5）：25－39.

［43］李文星．我国食品价格对 CPI 的非线性冲击及其政策启示——基于 STR 模型的实证研究［J］．华东经济管理，2017，31（2）：107－112。

［44］王勇．住房价格波动对自有住房家庭消费的区域异质性影响研究［J］．数理统计与管理，2017，36（3）：402－418.

［45］吴蓓蓓，陈永福，于法稳．基于收入分层 QUAIDS 模型的广东省城镇居民家庭食品消费行为分析［J］．中国农村观察，2012（4）：59－69.

后　记

自从 2011 年硕博连读以来，在赵昕东导师的指导下，我广泛阅读了计量经济学的相关基础课程，比如伍德里奇的《计量经济学导论：现代观点》等经典经济学书籍。本书的选题方向来自赵昕东教授主持的国家自然科学基金面上项目"食品价格上涨对城镇居民消费行为的影响与政策选择研究"（71273096）。赵昕东教授还为我提供了本书的研究方法，并且多次指导本书的写作以及修改。赵昕东导师是一位值得我敬仰的教授。在此，我要向赵昕东教授致以最衷心的感谢和诚挚的敬意！

在 2014 年 9 月至 2015 年 1 月期间，我赴台湾中原大学的商学院（AACSB 认证）交流学习。感谢台湾中原大学商学院林师模教授，我从每半个月一次的投入产出模型研讨会中学到了投入产出价格模型的构建和估计。

感谢光明日报出版社的"光明社科文库"资助出版计划以及

江西财经大学统计学院的出版资助项目，这本书才得以顺利出版！同时，感谢学校领导、专家、同事们对本书出版的关心和帮助。

本书还得到了江西省高校人文社会科学研究项目青年项目"食品价格波动对城乡家庭消费的影响研究"（JJ162021）的资助。

感谢妻子彭睿敏！她作为我的坚实后盾，在生活中给予我无私的关爱，精神上支撑着我、鼓励着我。而我只能以这本书作为微薄的回报，祝愿妻子永远幸福安康！特别感谢儿子王谦和王硕！他们的出生给了我前进的动力。他们使我不自觉地成熟起来，给予我勇敢面对学习和生活的勇气，同时给予我写作本书的持久动力。祝愿他们永远健康快乐！

最后，本书公式和图表很多，感谢编辑们辛苦细致的工作！

王勇

2019 年 2 月 8 日于南昌